澳门回归二十年经验丛书

澳门回归以来文献和中西文化遗产保护的经验

杨开荆◎著

SPM
南方出版传媒
广东经济出版社
·广州·

图书在版编目（CIP）数据

澳门回归以来文献和中西文化遗产保护的经验／杨开荆著．—广州：广东经济出版社，2019.12
（澳门回归二十年经验丛书）
ISBN 978－7－5454－7086－4

Ⅰ．①澳…　Ⅱ．①杨…　Ⅲ．①文献保护－经验－澳门②文物保护－经验－澳门　Ⅳ．①G253.6②K872.659

中国版本图书馆CIP数据核字（2019）第268980号

出 版 人：李　鹏
责任编辑：黄一霜　温键键　黄　炘
责任技编：陆俊帆

澳门回归以来文献和中西文化遗产保护的经验
AOMEN HUIGUI YILAI WENXIAN HE ZHONGXI WENHUA YICHAN BAOHU DE JINGYAN

出版发行	广东经济出版社（广州市环市东路水荫路11号11～12楼）
经销	全国新华书店
印刷	广东鹏腾宇文化创新有限公司 （珠海市高新区科技九路88号七号厂房）
开本	787毫米×1092毫米　1/16
印张	7.25
字数	128千字
版次	2019年12月第1版
印次	2019年12月第1次
书号	ISBN 978－7－5454－7086－4
定价	58.00元

广东经济出版社网址：http://www.gebook.com　微博：http://e.weibo.com/gebook
图书营销中心地址：广州市环市东路水荫路11号11楼
电话：（020）87393830　邮政编码：510075
如发现印装质量问题，影响阅读，请与承印厂联系调换。
广东经济出版社常年法律顾问：胡志海律师

澳门经验主题鲜明，内涵丰富

——在《澳门回归二十年经验丛书》研讨会上的发言

（代总序）

2019 年，澳门迎来回归祖国 20 周年。过去的 20 年，在中央政府和祖国内地的大力支持下，在澳门特别行政区政府和行政长官的带领下，在澳门社会各界人士的齐心协力、团结奋斗下，澳门社会安定，经济社会快速发展，取得了一系列令人瞩目的成果。

在此，我想就“澳门经验”这个命题谈一点个人体会。

首先，我认为“一国两制”方针在澳门的伟大实践，是澳门 20 年发展所取得的首要的也是最重要的经验。“一国两制”的成功实践，为进一步完善与澳门特别行政区基本法实施相配套的制度和法律体系，不断夯实依法治澳的制度基础，为进一步打造勤政、廉洁、高效、公正的法治政府，使澳门特别行政区发展始终沿着法治轨道推进，为进一步强化澳门公职人员队伍建设和管理，不断增强依法履职能力奠定了坚实基础。总结“一国两制”在澳门 20 年实践的成功经验，是新时代开启依法治澳新征程的必然要求。

其次，澳门同祖国内地的交流合作关系，是澳门经验的重要内涵。澳门回归的 20 年，是与祖国内地全面交流的 20 年，是与祖国内地深度合作的 20 年，是与祖国内地同呼吸共命运的 20 年。总结这 20 年来澳门同祖国内地关系持续稳定、良性互动所取得的成功经验，是澳门与祖国内地进一步深化交流合作，共同肩负实现中华民族伟大复兴中国梦的历史使命的必然要求。

再次，澳门走经济适度多元可持续发展道路，是澳门经验的重要内涵。澳门回归祖国之后，澳门特别行政区政府坚守“一国”之本，善用“两制”之利，抓住国家全面深化改革的重大机遇，紧紧围绕建设“世界旅游休闲中心”和“中国与葡语国家商贸合作服务平台”的目标定位，充分运用中央支持澳门发展的各项政策，顶层设计，周密部署，稳步推动经济适度多元可持续发展的总体战略，使澳门经济社会发展呈现出良好局面。总结20年来澳门经济社会繁荣发展所取得的成功经验，是在区域合作中进一步拓宽澳门发展空间，增强澳门发展动力，提升澳门自身发展素质能力，努力实现与祖国内地共同发展、共同进步的必然要求。

最后，由澳门灿烂文化的历史底蕴和当代传承所凝聚的爱国爱澳社会主流价值观，是澳门经验的重要内涵。20年来，澳门特别行政区政府秉持“从人文关怀出发，以文化铸造城市的灵魂”之理念，有效保护文化遗产，弘扬优秀传统文化，扶持文创产业发展，促进多层面文化交流，走出了一条澳门文化多元发展之路，闯出了一条利用澳门历史文化资源创新文化产业发展之路。而基于澳门文化积淀所凝练的爱国爱澳、包容共济、务实进取的优良传统，成为20年来澳门社会良性发展的力量源泉。总结20年来澳门文化历久弥新、文化事业欣欣向荣所取得的成功经验，是澳门坚持道路自信、理论自信、制度自信、文化自信的必然要求，是澳门同胞加深民族自豪感与爱国爱澳情怀、增强投身“一国两制”事业责任感与使命感的必然要求。

毫无疑问，20年来澳门走过了不平凡的发展历程，其所积累的经验是多方面的，其内涵是丰富的，其意义是深远的，是值得澳门同胞和全国各族人民珍惜和铭记的。在澳门回归祖国20年之际，我们对这些经验作全面、系统、科学的总结，不仅是为了回顾过往岁月，更是为了继往开来，为澳门全面准确贯彻“一国两制”方针，沿着正确的方向行稳致远，为实现“两个一百年”奋斗目标、实现中华民族伟大复兴的中国梦，为澳门拥有更加美好的明天夯实理论基础，提供思想源泉。

在此，我们要感谢广东经济出版社、澳门启元出版社，这两家出版社以高度的责任感和敏锐的洞察力，把《澳门回归二十年经验丛书》列入重点选题。这一选题站位高、立意远，既有很高的理论价值，更有鲜明的实践意义。

李国强

中国社会科学院中国历史研究院副院长，研究员

目　　录

第一章　文献、信息、情报服务

一、文献

“文献”一词似远还近。数千年来，人们记录信息、传递知识于各种载体上而成为文献，文献使其思想得以传承。因此，文献不仅是人类脑力劳动的心血与智慧的结晶，也是文明社会不可或缺的精神食粮。从一定意义上说，文献有如一面镜子，见证着社会的发展，亦反映出各时期当地民众的精神面貌及文化素养，更是世人考究历史的重要依据，可谓一地文化之灵魂。早在春秋时代，孔子在《论语·八佾》中已提及文献：“夏礼，吾能言之，杞不足征也；殷礼，吾能言之，宋不足征也。文献不足故也。足，则吾能征之矣。”阐明了文献具有考证历史之重要作用。今天，国际社会已将文献的保护与人类记忆相提并论，更将文献遗产的使用权与人权同等看待。毋庸置疑，文献能帮助人们克服时间与空间上的障碍，记录、储存和传达历史已有的知识与经验，从而推动人类知识的增长和科技的进步。

世界各地的人民在不同时代以不同的方式和载体记录知识和信息，因而形成了许多类型的文献，保存至今已成为历史的印记、人类的记忆。公元前4000年以前的底格里斯河和幼发拉底河流域，以及波斯、地中海一带，已出现以楔形文字书写的泥板文献；而公元前3000年在古埃及、尼罗河三角洲地带出现的纸草文献，以沼泽地生长的植物制成，用希伯来文书写的死海文书是较为人知晓的纸草文献；还有欧洲的羊皮文献、古罗马人发明的蜡版文献也在公元前2世纪流行一时；而古印度人采集贝多罗树（梵文 Pattra，即棕榈树）的叶子刻写记录各种活动以及佛教经文的贝叶文献，成为传播佛教的经典。中国文献载体与人类文明一起经历过不同的时期，同样丰富多元：殷商时期的甲骨文献在清末才被发现，成为中华文化和文明的重要标志；周代的金石文献、战国初期的简牍文献亦代表着各时代的文化；造纸术及印刷术发明以后，纸质文献在全世界广泛使用，成为主要的文献形式；而今天，计算机技术普及，资讯科技日新月异，电子文献大行其道，以光盘、网络资源等形式为载体的电子文献大规模地出现，形成了浩如烟海的信息资源，为大众使用。

由此可见，文献是具知识产权及人为意图且有载体的内容，而载体形式多样，不拘一格，如石头、布、木材、金属、棕榈叶、胶片、磁带以及纸张等，多元而广泛，并且可以保存和传承。所以，文献与我们的关系非常密切，它可能是一份单一的文件，又或者是一个系列，或介于两者之间，可归纳为文本资料，如手稿、书籍、报纸等；非文本资料，如素描、版画、地图、乐谱等；存在于网络和电脑服务器上的虚拟资料；视听资料，包括模拟资料和数字资料，如电影、光盘、录音带、照片、微缩胶片、电脑游戏等。因而当今文献涵盖由物质到网络上的电子及多媒体等形式，其管理、服务方式亦有了很大的改变。

无论采用什么样的载体形式和技术，文献都是社会的文化基石。纵观古今中外，重视文化教育的统治者多能顺应历史发展的潮流，推动文献及图书馆事业发展。早在2 500多年前的文明古都尼尼微城（即今天伊拉克北部城市摩苏尔附近、底格里斯河东岸），国王亚述巴尼拔在位时不仅使其帝国的疆域达到了极限，而且他本身也是一位尊崇文化、博学多才、爱书入迷的国王。从发掘出来的最完整的古代泥版图书馆——亚述巴尼拔图书馆遗址的一块泥版上发现他的自述："我受到纳布智慧神的启发，深明博览群书的必要。我可以从它学到射、御以及治国平天下的本领……读书不但可以扩充知识和技艺，而且可养成一种高贵的气度。"正因如此，他在统治期间，修建了闻名于世的亚述巴尼拔图书馆，当中保存了大量的泥版文献，成为人类共同的史料。

综上所述，文献是记录一切知识的载体，是重要的信息资源，与当今社会发展密切联系，已成为国际社会日渐关注的话题。

二、信息

信息，是一个看似简单又相对复杂的概念。信息于物质世界普遍存在。在资讯科技时代，信息的含义在很大程度上受网络技术所具有的本质功能的影响，而予以定义为信息可以识别、转换、存储、浓缩、传递、分享，信息本身具有实用性与非实用性，同时受时效因素的影响。就内容及层次而言，信息可以是原始数据，或是竞争情报，这涉及信息本身的价值和功能，也体现了信息的生成及转化的过程，因而具有较广阔的讨论空间。也就是说，从普遍存在的信息，到针对用户需要而抽取的定题信息，乃至成为具有竞争力的直接有效信息，它们在本质上有着不同层次的分别。我们常见的由原始数据（data）到专业化的智力服务（competitive intelligence），需要专家利用科学知识体系、技术、科学方法等手段和咨询顾问的经验、技术能力，见图 1 - 1。当中所涵盖的研究范畴非常广博，而涉及的实践工作极其浩大。

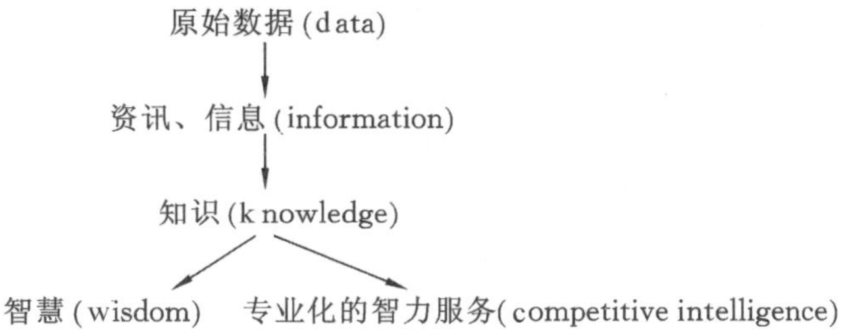

图 1 - 1　信息与竞争情报的产生过程

由于文献与信息之间有着许多的共性，所以学界对文献、信息的定义和属性没有太大的争议。图书馆、文献机构、数据库公司亦将自行开发和提供服务的内容统称“文献信息服务”。然而，若深究其定义，较为普遍的是，文献是指用一定的记录手段将系统化的信息内容储存在纸张、胶片、磁带、磁片和光碟等物质载体上而形成的一类信息源。而注重理论研究的学者，则对其予以较深层次的界定，例如，文献信息包括两个层次，一是指文献的内容信息，也就是关于文献所载内容的信息；二是指关于文献的信息，包括关于文献内容资讯的信息和关于文献载体部分的信息……文献信息是以信息为中心和主体的，它离不开一定形式的物质载体。[①] 无论如何，文献、信息是与社会紧密联系的，虽然其表现形式有所不同，但其本质都是一致的，即都是由一般信息的本质再现出来的事物属性，只是在信息存储与传递的功能上有所差异。在当今社会，尤其是图书馆界及资讯科技界，已渐渐将文献与信息的概念拉近。大众在解读文献与信息时即使没有绝对清晰的定义，也离不开上述对文献与信息的阐释。

① 张健：《文献信息学概论》，西南交通大学出版社，2008，第 28 页。

三、情报

据20世纪初出版的《辞海》对“情报”一词的定义，情报与战争及军事活动相关，例如，“定敌情如何，而报于上官者，是为情报”（1915年版），“战时关于敌情之报告，曰情报”（1939年版）。到20世纪末及21世纪初期，以全球化和信息化为主要特征的知识经济蓬勃发展，信息和知识作为一种战略资源，变得空前重要，成为个人、情报组织、民族乃至国家生存发展的基础，以及被视为提升竞争力的关键。情报工作也由一般文献工作阶段进入与经济、社会发展相结合的情报分析阶段。由此，情报定义又发展成为“判断、意志、决策和行动所需要的知识和智慧，获取他方有关情况以及对其分析判断的成果。按内容和性质分为政治情报、经济情报、军事情报和科技情报等”（1999年版《辞海》）[①]。由此可见，情报服务不再限于战争和军事的用途，而关系社会发展的竞争力。

情报服务是指情报部门利用其服务系统或设备满足使用者需求的过程，即从众多的文献或文献集合中查找出情报询问中指定特征或特定使用者在特定时间所需情报的操作过程。情报或者竞争情报，乃至情报学，就是研究如何将浩如烟海的信息加以最精确的提炼，令使用者得到最具利用价值的信息，从而作出准确而长效的决策；令机构在获得有关具竞争力的信息后，能提升自身在同类中的竞争力。因而情报服务成为当今社会持续发展的战略要素，它涉及的领域已越来越广，如工商、网络对策、政治形势、国内外发展热点……简单而言，竞争情报的重点是令使用者掌握有关的信息及知识，以确保在制订计划和政策时，不会因为无知而招致损失甚至失败。

由于社会对情报学的需要，许多国家和地区产生了情报学的学科。在中国、俄罗斯等国和东欧地区，情报学较偏向于科技领域。苏联情报学家米哈依洛夫对情报学下了一个经典的定义：“情报学是研究科学情报的结构及其性质的一门科学。”这一定义可见情报学较偏向于科技领域。在美国、英国、德国等国，情报学是在图书馆学和文献学的基础上发展起来的，并向全社会发展。西方学界对情报学的定义在美国著名的情报学家萨拉塞维克较注重情报系统研究及信息技术的基础上演进为“情报学是研究情报的属性和行为，支配情报流动的力量，以及使情报具有最佳可获得性和可使用性的处理手段的科学”[②]。世界各地对情报学的重

---

① 郭吉安、李学静：《情报研究与创新》，科学出版社，2006，第3页。

② 郭吉安、李学静：《情报研究与创新》，科学出版社，2006，第16页。

视正好反映了该领域的重要性，可以说，情报学研究的水平也是当地社会发展是否具备竞争力的重要标志。在澳门，情报服务、情报学尚未被广泛使用，然而，这正好说明了我们大力推动文献信息服务的必要性和意义。

四、文献信息服务

随着社会的发展，人们对信息的需求也越来越大。20 世纪 90 年代，人们察觉到在信息的基础结构中凝聚着人类思维和智力活动的成果，它的知识根基及人文特性更应受到重视，因为唯有知识才是推动经济和社会发展的真正动力，情报学的研究对象从信息转向知识。于是，知识的作用和研究成果被认为是信息化社会的强大支柱之一。当今社会，人类认知世界离不开信息，信息已成为人与人、人与物、人与自然界沟通的媒介，也是社会进步发展的必备因素。国际社会在信息技术的基础上，强调该领域对人文、社会的意义，将对文献领域的探索重新提到了一个新的高度，与人类文明进步相提并论，与人类共同记忆一并研究。因此，当今文献服务的研究是在经历了前人对文献、信息，以及情报等研究的过程后而重新思考的新命题，开辟了新的领域。在澳门，目前对于该领域的研究仍处于起步阶段，而国内外所关注的情报学研究仍未在澳门引起学界广泛的讨论，尤其是“情报”一词在文献、图书馆、信息等领域尚未得到普遍的使用，因此，本文尝试以“文献信息”表述以上相关领域，并就其服务展开研究。

毋庸置疑，文献信息服务涵盖不同的层面。如果仅从狭义的角度来看，就是各文献机构以服务对象为考量重点，运用各种方式、手段和技术为用户提供特定的服务。如图书馆及档案馆，为用户推出的文献信息服务即针对读者的需要采集资源，利用新的科学技术工具来实现服务的现代化，提高效率，最大限度地满足不同用户对文献信息服务的需求。而从广义的角度而言，文献信息服务包括该地区的文献信息提供能力，以及为满足社会全面发展之效益，从而提升个人、企业、团体的应用，乃至该地政府的有效施政，以确保当地社会的竞争力及长效发展。因而，文献信息服务的领域涉及非常广阔的范畴，而我们的视野不应只限于一所文献机构，而是涵盖整个地区，甚至包括与外部世界的联系及接轨。事实上，它的研究必须放眼世界。从这种意义上而言，文献信息服务包括文献研究、信息资源管理、教育培养、知识传播等领域，具体涉及研究文献的挖掘、整理、产生源流、版本载体、政策制定、学科建立，以及与当地社会发展和国际大环境的联系与规律。有学者提出，文献信息学的研究对象是文献信息的产生、发展、整理、传播、利用及一般规律，而具体包括理论研究、应用研究、历史研究。[①] 文献信息服务有既深且广的内涵和意义，因而我们的研究亦将根据其所涉及的范畴而展开。

五、信息社会与信息服务

随着博彩业的开放，澳门经济起了翻天覆地的变化，而澳门文献信息服务更应担当社会资讯中心的角色，为提升民众知识水平和文化素质、强化社会的信息素养（information literacy）、促进文化学术交流、深化和开拓图书馆的学术研究体系等发挥重要的作用。在此，笔者尝试就当中一些重点问题展开探讨。

在资讯爆炸的时代，信息的获取能力往往标志着该地区的竞争力，尤其是面对浩如烟海的信息，如何取得最新、最快而有竞争力的资讯，便成为当代社会发展不可或缺的一项战略工程。它包括该地区历史文献的挖掘与整理，当代信息的收集、储存、管理、利用，以及针对特定对象提出具有实用价值的信息。按个人、企业、政府等不同对象的需求而提供相关的资讯，亦即情报服务。

如上所述，文献信息服务自古已有，收集文献、整理信息、提供有关信息内容的服务已不是新的行业，然而将其提升到系统的学术研究层面，成为专门的正规学科，却是今天我们要面对的课题。信息的来源包括澳门各类型的图书馆和文献信息机构，以及网络世界。因此，澳门地区的图书馆及跨地区书目的共知共用、文献资料库的共建等更值得我们探讨，从而使其成为功能强大的服务网。所以，我们将研究如何通过网络化系统模式将澳门各类型的图书馆、文献信息机构、政府、民间的信息资源进行整合，形成一套整体系统，为澳门各领域人士乃至国际社会提供最快、最新、最有效的信息资源，从而在整体上提升澳门地区的科研能力。而重要的是，这一过程不能脱离与社会共同发展及互动的联系。所以，文献信息服务的能力也是社会竞争力的体现。

此外，现代咨询服务业是典型的高智力产业，也是以高智力带动高经济杠杆效益的文化创意产业。而目前澳门的专业咨询服务仍属于公益性，以政府部门、图书馆、文献机构提供基本服务为主，产业化的咨询服务正处于起步阶段，尚未满足企业、政府、学者之需。

因此，就长远发展而言，我们不能只满足于为一个地区提供文献信息检索服务，更重要的是提升整个地区的科研能力、人文素质，乃至与外界社会接轨、竞

① 张健：《文献信息学概论》，西南交通大学出版社，2008，第26页。

争、合作的能力，这才是文献信息服务的根本任务，也是对此服务进行研究、推动、发展的意义所在。所以文献信息服务必须与时俱进，不能落后或脱离社会的需要而独立地发展，那只会失去其意义，而无法获得社会的支持。因此，澳门的文献信息服务应从社会学、市场学的角度来思考，并且向竞争情报服务的方向发展。

自20世纪文献信息在中外文献中出现开始，便引起了档案界、图书馆界、资讯学界的广泛关注，相关的研究亦层出不穷，尤其是从专业的角度展开讨论，也就是较侧重于从文献信息管理业界的内在技术层面进行研究。而后期出现的情报服务研究，则明显地将视野从内在推向社会。本研究尝试从社会需求的角度探讨文献信息服务，当然这并不意味着摒弃专业研究的模式，而是结合文献信息管理与社会发展，以跨学科的角度进行研究，相信此模式更能体现文献信息服务的社会价值，本研究将从人文科学、振兴本土文化等角度展开讨论。

第二章　“世界记忆工程”与文献信息

在全球环境急速发展的形势下，人们已强烈地意识到保护及传承文化刻不容缓。自20世纪70年代至今，联合国教科文组织（UNESCO）已发起了多项世界性的历史文化保护工程及设立相关的名录。首先是1976年建立了《世界遗产名录》，旨在保护自然及文化遗产，它包括“世界自然遗产”与“世界文化遗产”，关注的是自然和人工环境中珍贵、具有突出意义和普世价值的自然和文化遗产，如具有历史、美学、考古、科学或人类学研究价值的建筑物或遗址。然后在1992年启动了以关注文献信息为主的“世界记忆工程”（Memory of the World Programme），随后设立了《世界记忆名录》，它以手稿、图书馆和档案馆保存的所有介质的珍贵档案以及口述历史等资料为对象，旨在对世界范围内正在逐渐老化、损毁、消失的人类记录进行抢救和保护，从而使人类的记忆更加完整，此为本文讨论的重点。最后是于2003年推出了《非物质文化遗产名录》，以唤起人们对各种传统文化习俗的重视。

一、“世界记忆工程”概述

1. 起源

由于战争、社会动荡，以及有的地方严重缺乏资源，文献保存状况恶化的问题已经存在了几个世纪，世界各地不少珍贵文献遭遇了不同程度的厄运，抢劫和非法交易、破坏、藏馆地及资金不足等问题层出不穷，许多文献正面临危机，更有不少已经永远地消失了。人们开始日益意识到文献遗产保护及利用的重要性，UNESCO发起的“世界记忆工程”计划，冀望人类对一些尚存的文献遗产予以保护，并利用新科技进行传播和利用。

“世界记忆工程”计划的起源，可追溯至1978年11月28日的UNESCO第二十届大会，会议通过了《关于保护可移动文化财产的建议》（以下简称《建议》），该《建议》提出：“文化遗产除了不可移动的文化遗产外，也包括文献形态的可移动物品，即作为记录和传递知识、思想的文献遗产，如具有特殊意义的文件档案、照片、电影胶片、录音录影带、机读记录和手稿、古版图书、古籍抄本、现代图书等出版物。”因而，文献保护被提升到重要的层面。而进一步触发 UNESCO 启动“世界记忆工程”则是在 1992 年，UNESCO 总干事费德里科·马约尔（Federico Mayor）到萨拉热窝国家图书馆巡视，亲眼看见内战令该国家的文献遗产受到重大破坏，珍贵档案书籍被毁于废墟中。于是，他强烈呼吁，保护文献遗产犹如保护人类记忆一般重要。在他的积极努力下，“世界记忆工程”工作的专门机构于 1992 年成立了。

国际咨询委员会（International Advisory Committee，简称 IAC）是“世界记忆工程”的最高决策单位，成员是来自世界各地图书馆、档案馆、文化部门、资讯科技界等的专家。该委员会第一次会议于 1993 年在波兰普乌图斯克召开，制订了未来的发展计划。会议强调了 UNESCO 在“世界记忆工程”中的协调和推动作用，并促使各政府部门、国际组织和各种基金会成为伙伴关系，此次会议对具体项目的实施有了明确的方向。当时通过了设立“技术和市场推广小组委员会”的决定，并确立了成立初期以新技术保护文献遗产及宣传推广为重要目标。同时，国际图书馆协会联盟（IFLA）和国际档案理事会（ICA ）亦一起参与制定和编译项目指引。会议针对各地一些正遭受破坏的图书馆藏书和档案馆藏品列出了名单并制订修复计划，同时通过各国的 UNESCO 国家委员会就图书馆和档案馆收藏的濒危电影遗产拟定了一份清单。于是“世界记忆工程”立即展开一系列修复工作，以当代技术复制文献遗产。此试验项目取得一定的成效，例如，将 13 世纪《拉济维乌年表》（*Radziwill Chronicle*）这份珍贵文献进行电子化并制作成光碟，令这部俄罗斯中世纪年表得以传承；还有与多个拉美国家合作的对旧报纸进行微缩胶卷处理等项目，令更多人可查阅弥足珍贵的文献。国际咨询委员会会议每 2 年举行一次，而世界各地一些国家也设立了世界记忆国家委员会。1995 年，《世界记忆名录》设立，开始收录符合世界意义的文献。“世界记忆工程”关注的是可移动的物质文化遗产，即精神文化遗产。可以肯定的是，该计划令世界各地更重视文献的抢救和保护。

2. 目的和意义

“世界记忆工程”认为，所有文献遗产同属于全人类，应完整地保留和保护，并在充分尊重各地特有文化和习俗的同时受到肯定，让所有人可以自由地查阅。因而，其目的和意义主要在于采用最适当的手段对全世界正在逐渐老化、损毁、消失的人类记录进行抢救和保护，令具有世界意义的文献遗产得以传承，并鼓励培养和加强维护的意识；同时强调了文献使用的重要性，就是使档案典籍得到最大限度的、不受歧视的平等利用。即在符合本地档案法的前提下，对于可以开放的档案文献，任何人都有权使用，而利用则是争取政府和社会的支持以及获取资助的最有效手段。除此之外，“世界记忆工程”亦通过各种宣传活动，加深世界各国人民对文献遗产的认识，令世人对具有世界意义的文献遗产进一步了解，因此鼓励以文献遗产为主题发展文化产业，开发以文献信息为基础的各种产品，并进行广泛的推销，其盈利所得的资金也可用于文献遗产的保护。基于此理念，“世界记忆工程”启动以来，已在世界各地开展了许多方面的工作，包括提供培训、传递信息、实践指导，以及为各种相关项目提供资金资助或作中介联系。并致力于宣传以加深对文献遗产的认识，鼓励对数字化文献的检索，亦推动出版物出版、工作坊举办等。委员会制度提供了跨专业的协作。

由此可见，“世界记忆工程”的目的和意义涵盖了文献信息服务的核心内容，以新技术传承文化是其重要目标，从世界各地纷纷启动国家或城市的记忆工程，便可见其宣传成效。具体而言，各地的记忆工程就是通过巨型的网络库，将国家发展过程中产生的一些珍贵的、值得保留的、可以公开的资料有序地储存，例如历史、文献、文化、建筑文物、珍藏品、老照片、乡土研究等，可以文字、讲话、录音、影像、图片、动画、地图等方式储存及展示，组成一套完整的记忆系统，并世代相传。国家的记忆工程有“日本记忆”“美国记忆”等；而城市的记忆工程亦很普遍，有“北京记忆”“广州城市记忆”“张家界记忆”“台湾记忆”“香港记忆”等。这些皆代表着当地对文化事业发展的重视，令文献信息服务可以在世界各地更广泛地开展。

然而，“世界记忆工程”最令人瞩目的是评估出具有世界意义的文献，并列入《世界记忆名录》中，这可以大大提高公众对重要文献的认知，并开展有效的保护工作。

二、文献遗产名录的设立

1.《世界记忆名录》的层级

“世界记忆工程”向人类揭示文献遗产保护的重要意义，更随之而设立了《世界记忆名录》，主要收编符合世界意义入选标准的文献遗产。该工程由3个层次组成，包括世界级、地区级和国家级，见图2－1。地区和国家级名录主要收集具有地区和国家意义的文献遗产，地区和国家级名录并非在重要性上次于世界级名录，而是保护地区和国家文献遗产的手段有所不同，因为并不是所有文献遗产都具有世界意义。

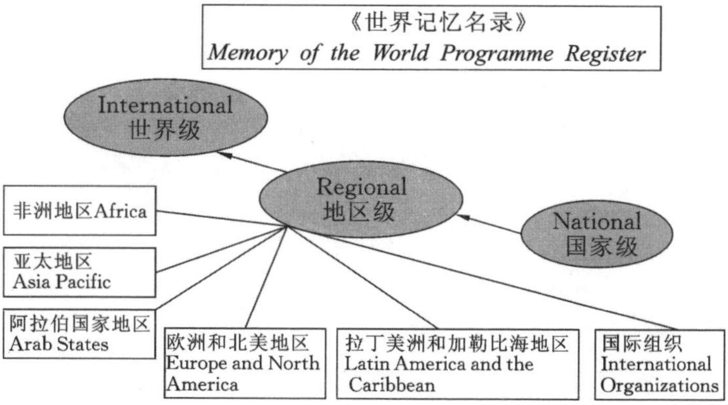

图2－1 《世界记忆名录》层级

（1）国家级。

目前共有59个国家设立了“世界记忆工程”国家委员会（National Memory of the World Committee），主要负责项目的综合管理和协调工作，其中包括根据《世界记忆名录》的入选标准，挑选出拟列入世界级、地区级或国家级登记册中的项目，将其提交给国际咨询委员会，在委员会同意批准后具体实施。例如，《中国档案文献遗产名录》是国家级的名录，由国家档案局在2000年建立，“中国档案文献遗产工程”领导小组和国家咨询委员会负责评估国家珍贵档案文献入选《中国档案文献遗产名录》，至2013年5月，已有3批113件（组）中国档案文献入选该名录。同时，对于当中具有世界意义的档案文献，将评估申报列入地区级或世界级的名录中。

（2）地区级。

“世界记忆工程”设有多个地区组织（Regional Committee），如非洲地区、亚太地区、阿拉伯国家地区、欧洲和北美地区、拉丁美洲和加勒比海地区，以及国际组织（图2－1）。地区组织负责地区内的文献遗产推动工作，协调各国家委员会与国际咨询委员会的联系。国际组织方面是由如红十字会、联合国等国际组织进行文献维护及申报计划，而中国内地、中国香港、中国澳门、中国台湾等，可申报亚太地区级别的名录。“世界记忆工程”亚太地区委员会于2008年在澳大利亚进行了第一批申报文献的评审工作，当时分别来自澳大利亚、泰国、柬埔寨、印度尼西亚的4项文献遗产被收录入亚太地区的名录。至2012年5月，亚太地区的《世界记忆名录》共有16项，包括中国内地的《本草纲目》《黄帝内经》（现已列入世界级），还有斐济的《印度劳工合约文献》、澳大利亚的《联邦宪法档案》和中国澳门的《天主教澳门教区档案文献（16—19世纪）》等。

（3）世界级。

世界级的名录由UNESCO国际咨询委员会负责评审，收编的是符合世界意义入选标准的文献遗产，当中的文献来自世界各个国家和地区，为人类珍贵的共同遗产。第一批共38项文献于1997年正式列入世界级名录，标志着文献在人类记忆和文化领域占重要位置。至2013年6月，国际咨询委员会会议在韩国光州举办，评选出新一批符合标准的文献后，全世界共有299项文献遗产入选《世界记忆名录》。例如埃及苏伊士运河的相关文献，贝多芬、肖邦、舒伯特的音乐曲谱原稿，歌德、易卜生的著作原稿，德国古登堡1455年印制的欧洲第一部印本书《四十二行圣经》，俄罗斯帝国时代的地图，法国占领毛里求斯的文件等。中国入选的有康熙六年到光绪二十九年230多年间科举考试的殿试成绩榜的清朝金榜、《本草纲目》《黄帝内经》《清代样式雷图档》等共9项（表2－1）。值得一提的是，所有世界级名录的申报必须以国家名义进行，除了跨国项目外，每一个国家每届只能提交两个项目。

表2－1　中国文献列入《世界记忆名录》

序号	文献遗产	入选年份
1	《传统音乐档案》	1997年
2	《清代内阁秘本档》	1999年
3	《纳西东巴古籍文献》（图2－2）	2003年

续表

4	《清代科举大金榜》	2005 年
5	《清代样式雷图档》	2007 年
6	《本草纲目》	2011 年
7	《黄帝内经》	2011 年
8	《侨批档案——海外华侨银信》	2013 年
9	《中国西藏元代官方档案》	2013 年

图 2－2 中国《纳西东巴古籍文献》

（4）世界记忆标志。

世界记忆澳门专用标志有多重含义，由图 2－3 右侧可见，其是由数条弧线组成的图案。其一，图案看似一面镜子，代表着文献让人了解过去，有如镜子般映照着历史；其二，图案亦似古籍卷轴的侧面，表示文献的历史性和远久意义；其三，此标志也让人联想到上网搜寻资料时运行中的标示，说明了文献也包括网络上的资源。记忆工程标志的意义涵盖古今，是传统与现代化的结合。当文献被列入《世界记忆名录》，便可使用“世界记忆工程”为当地而设的标志。此标志可用于各种宣传品，包括招贴画和旅游介绍等，它将提高该文献遗产的知名度及收藏这份档案的档案馆的知名度。由图 2－3 可见，《天主教澳门教区档案文献（16—19 世纪）》被列入亚太地区《世界记忆名录》后获得 UNESCO 的专用标志。

United Nations
Educational, Scientific and
Cultural Organization

Archives and Materials of the Macao Diocese
from 1550s to 1800s
Inscribed on the Regional Register in 2010
Memory of the World

联合国教育、
科学及文化组织

天主教澳门教区档案文献(16—19世纪)
列入2010年亚太区
世界记忆名录

图2-3 澳门专用标志

2. 名录的评审标准

《世界记忆名录》所收录的文献需经过非常严格的评审，入选标准由“世界记忆工程”国际咨询委员会及相关专家制定，主要包括真确性、世界意义、涵盖的时间、文献地点、涉及的人物、主题和题材、形式和风格，以及文献的稀有性、整体性、安全性、维护与利用的管理计划等。

（1）真确性。

《世界记忆名录》评审的首要标准当然是文献遗产的真确性，这涉及文献产生的原因、来源和形成必须具有可靠的依据，以此证明文献的真实性，而并非伪冒仿造。

（2）世界意义。

这是最关键和最重要的一项标准。所谓世界意义，就是指有关文献是否具有独特和不能替代的价值，如果消失或变质，对人类遗产的传承是否构成障碍；或文献是否在过去的某时期、某地域造成巨大影响，例如，在某地区产生了跨国家，甚至跨地域文化交流的作用；或在人类历史进程中影响深远，不论是正面或负面。相信这是文献评审的关键，也是其真正价值之所在。

（3）涵盖的时间。

所谓时间，即文献涉及的时间是否形成于某一特殊或重要的历史时期。例如在该段时间曾经发生过某些危机；或在社会、文化领域内出现了重大的改变；或代表着新发现的时代；或在同类型事件中属于第一次。从某种意义上来说，文献形成时间越久远、跨度越大，其价值就越大。

（4）文献地点。

有关文献的馆藏地点也是评审关注的标准之一，即主要评鉴它在区域的历史及文化发展中是否蕴含本土特色的关键资讯；或者该地点曾对一些重大事件或现象产生重大影响；或者可体现、追溯一些已消失的物理环境、城邦或机构。也就是说，如果文献的馆藏地与文献本身具有互联关系，则提升了文献的价值。

（5）涉及的人物。

指文献所涉及的社会和文化领域之人物，在社会、工业、艺术或政治发展等方面具有影响力；或某些特定的人群，或在族群中担当重要角色或具有关键影响力的人物。

（6）主题和题材。

这一标准是关于文献的题材，如在自然科学、社会及人文科学、政治、意识形态、体育运动、艺术等方面具有代表性，在某个特定历史时期或学术发展史上具有重要意义。

（7）形式和风格。

文献遗产需具有突出的美学、文体或语言的价值，具有典型或关键代表性，甚至是其载体已消失或不复存在。

（8）稀有性。

文献是否为孤本，或是否为仅存的部分，或在已遗失的同类文献中具有代表性。

（9）整体性。

文献是否保存完好，若受损严重、被修改或损坏，则对文献价值有所影响。

（10）安全性。

文献的保存环境是否安全，不应受到任何形式的危害，而保存的柜子、书架、文件盒等储存环境应恰当。

（11）维护与利用的管理计划。

文献遗产的管理及保护是否规范，读者能否方便地使用有关文献也成为评审的参考标准之一。

诚然，并非每一项列入《世界记忆名录》的文献都能完全达到以上的评审标准。然而，世界意义最为重要，这是文献遗产的核心价值所在。而其他则视具体情况而定，符合越多的条件者，入选概率越大。从近两届入选的情况来看，评审亦极为严格。2011 年，UNESCO“世界记忆工程”国际咨询委员会会议在英国曼彻斯特举行，在此届会议上，全世界共有 84 件申报文献进入最后讨论阶段，经国际咨询委员会审定并闭门投票，结果有 45 项列入世界级《世界记忆名录》；

2013年在韩国光州举行的会议亦从84项申报文献中选出54项入选《世界记忆名录》。可以肯定，入选的文献遗产具有普世价值，是人类的共同遗产和共同记忆。

三、"世界记忆工程"对文献信息服务的启迪

在全球视野下，多元文化的共融以及文献遗产与文化遗产、非物质文化遗产的互动关系更为重要。近年，"世界记忆工程"除了重视资讯科技的应用，更趋向于人文的关怀、文化的振兴和传承的领域。2008年举办的"世界记忆工程"国际研讨会上的主题是"试想……一个没有记忆的世界"（Imagine…a world without memory），UNESCO在会议上强调了没有记忆的城市就如失去灵魂的僵化躯壳，人类更难以在失去记忆的枯燥世界里生活。而2011年在波兰华沙举行的国际研讨会则以"文化-记忆-认同"（Culture – Memory – Identities）为主题，以寻求人类对文化认同和互相包容为目标。随后，"世界记忆工程"提出了多项发展计划，包括提升对世界文献遗产保护重要性的认知，针对数字化及保育的实务工作开发教育与培训计划，致力推动"世界记忆工程"的网络化发展，并制定具有凝聚力、理念及务实的管理与保存文献信息数字化的战略。在国际社会的推动下，世界各地对文献予以重视，而申报《世界记忆名录》，对当地的文献信息服务有推动作用。

1. 非物质文化遗产数字化

当今人类正面对社会的急剧发展，真切体会着世界意义上"记忆工程"的核心价值。尤其是当环境变化，昔日景物在转眼间已改变，兴建的同时也造成破坏，都市的发展难免对文物建筑及历史古迹造成毁坏。而社会的变迁令许多民间艺术、传统文化渐渐消失，这种矛盾显示了人类对自己一手造成的"急速变化"的无奈。为此，"世界记忆工程"的数字化计划超越了文献遗产的范围，除了对实体文献进行保护，也从不同角度关注非物质文化遗产的传承。例如对生活场景、传统习俗、人物口述历史、民间音乐等一些将被遗忘的记忆，以现代化技术进行拍摄及记录，将非物质文化遗产数字化，转无形为有形，使失落的遗憾得以弥补。这也就是思考以科学和现代化的技术将有形和无形的文化遗产保留，使城市的发展变化和档案史料能不断地延续，从而作为研究的重要依据，并通过建立一个城市的整体记忆，以科技将文化传承下去。

2. 推动年轻人对文化的认同

文化的传承令我们更好地了解过去，了解过去是为了更好地创造未来。如何鼓励年轻人认识自己民族的历史，乃至世界的共同记忆，是各地学者非常关注的问题。对此，“世界记忆工程”提出了多项政策以及相应措施，通过宣传、合作、沟通，以及制定相关协定，让各地年轻人加入文献保育行列。同时，通过各种生动有趣的项目，采用网络、电子等方式吸引更多年轻人参与文献工作，令“旧”文献档案与“新”人类在情感上建立联系。

3. 公开检索

值得强调的是，文献的保护最终是为了使用。故此，“公开检索”便成了“世界记忆工程”不断探讨的一个重点议题。20 世纪 30 年代初，印度著名图书馆学家阮冈纳赞提出了具有前瞻性的图书馆学五大定律，第一定律便是“书是为了用的”，这已阐释了文献保存的真正目的。所以，公开、公平地让大众获取文献信息资源已被提升至人权的层面，引起各地学者广泛探讨。“世界记忆工程”尤其强调使用文献的民主性，令文献遗产在保护与使用之间达到应有的平衡。

澳门历经数百年的中西文化碰撞、交融，其独特文化在世界宝典中已刻下了闪烁的篇章：东亚地区第一所西式大学创立于澳门；欧洲传教士曾以澳门作为向东方传教的基地；澳门曾是国际贸易繁荣的重要港口；中国第一份外文报章诞生于澳门……可供我们考证历史的重要文献，许多仍在尘封之中。如何对这些文献进行深入地挖掘、梳理、揭示、利用，将是我们保护和传承澳门文化的一项重要工程。

第三章　澳门文献遗产与名录

就澳门文化内涵而言，其珍藏的历史文献绝对不容忽视，因特殊的历史发展进程，澳门文献资源涉及的领域颇为广阔，当中有不少具划时代意义和广泛影响力，与澳门中西文化并存的特色交相辉映。随着文化日益受到关注，国际社会对文献的评价和肯定，已成为一个地区文化底蕴的体现，这促进了各种不同形式的文献名录的设立，以及符合世界意义或入选标准的文献遗产被收编。澳门虽是弹丸之地，但近年在特别行政区政府和民间的推动下，对部分珍贵文献进行了挖掘及整理，提交的部分文献得到了国内外专家的肯定，且被成功申报列入世界级及国家级的文献名录，如上一章谈及的 UNESCO 的《世界记忆名录》，以及中国古籍保护中心的《国家珍贵古籍名录》，这些都彰显了澳门文献的价值。

一、教区档案文献与《世界记忆名录》

2009 年，澳门文献信息学会应 UNESCO“世界记忆工程”亚太地区委员会（MOWCAP）之委托，需在澳门评选出具历史意义和深远影响的文献申报亚太地区的《世界记忆名录》。其间得到澳门特别行政区政府的高度关注，以及澳门基金会和社会各界的大力支持，经过多番咨询和研究，遂决定以“澳门教区档案文献”申报亚太地区的《世界记忆名录》。2010 年 3 月 8—9 日，UNESCO“世界记忆工程”亚太地区委员会第四届全体会议在澳门召开，来自 18 个国家 60 多位代表出席了会议，一方面对亚太区文献信息的发展制订发展政策，另一方面对 12 项申报文献进行评审并投票表决，结果有 8 项文献被列入亚太地区的《世界记忆名录》，其中包括《天主教澳门教区档案文献（16—19 世纪）》，UNESCO 向澳门颁发了证书，这是港澳台地区首次获得此类认证。

澳门天主教的文献遗产见证了澳门在中西文化交流中的作用。自 1576 年教宗格列高利十三世颁下谕旨，确立了澳门在东亚的教区地位，澳门教区开始管辖东亚地区（包括中国、日本、越南、韩国、新加坡、马六甲地区等国家和地区）的教会，涉及近5亿人口，至今已400多年。最早抵达澳门的耶稣会传教士，将澳门作为向东方传教的基地，澳门因此成为欧洲与东方交流的桥梁。他们在传教的道路上历尽艰辛，经过兴衰起落，在澳门传播宗教文化的同时，亦积极从事各项社会活动，包括教育、救济、医疗等事业。其中亦涉及天主教事务、欧洲及东亚地区传教士在澳门从事神学院的教学活动及各种相应事务等，为澳门留下了档案、照片、古籍等珍贵资源。可以说，澳门在中西文化交流的桥梁角色在很大程度上是天主教自16世纪以来在澳门展开传教活动的产物，而相关的文献遗产成为这一时期的重要见证。更重要的是，这些文献与这个城市，以及文献的藏地——澳门天主教主教公署（以下简称“主教公署”）和澳门圣若瑟修院（以下简称“修院”）息息相关，形成不可分割且充满生命力的有机体。而入选名录的这批文献一直藏于主教公署和修院，它们见证着澳门在文化交流中扮演的历史角色，具有重要的世界意义。

二、教会档案史料

澳门自16世纪确立东亚的教区地位以来，至今已400多年。主教公署管理澳门以及辖区教会，一直是欧洲及东亚地区神父、神职人员、教友的聚集地。入选《世界记忆名录》的主教公署文献主要包括罗马教廷指示之信函、手稿、报告、神父资料、活动计划、会议记录，以及各地教徒的出生、领洗、结婚登记等资料。

澳门教区成立后，曾管辖着东亚地区的天主教会。现藏于主教公署的澳门主教辖区档案包括大量原始记录及各属下教会之间的公函，以及教徒的档案资料。这些资料当时被视为法律的依据，如财产继承权的享有、婚姻的证明等。另外，由于澳门自16世纪起即成为天主教在东亚地区的传播中心，亦是东亚地区交通和交流的中心，因主教公署的资料能得到其他地区的认可，因此还吸纳了其他地方教徒将个人资料存于澳门备案，以防其他伪造文件公署。日积月累，该处收藏了大批档案。① 当中包括罗马教廷致澳门的信函，例如1575年教宗格列高利十三世给澳门的诏书，即以拉丁文颁布成立澳门教区的诏书（1803年重抄本）（图3－1），还包括手稿、活动报告、神父资料、活动计划、会议记录等。从美

① 杨开荆：《探讨澳门天主教文化及其文献宝库》，《文化杂志》2003年第47期。

学的角度而言，上几个世纪出版的文献、保存的手稿，外观古典，文字书写优美，充满艺术感，具有美学、文体和语言上的价值。

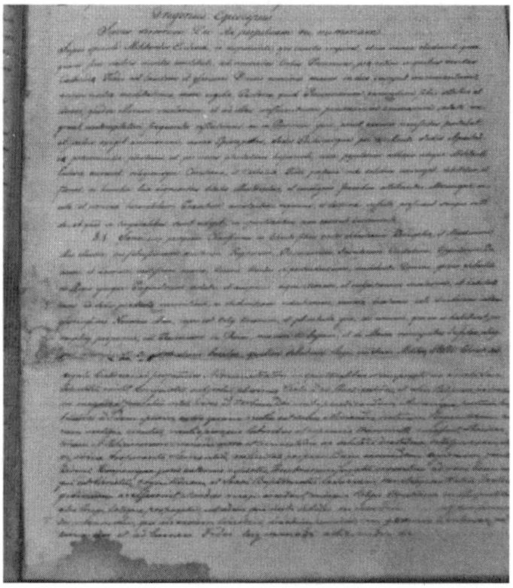

图 3－1　1575 年教宗格列高利十三世颁发成立澳门教区的诏书
（1803 年重抄本）

三、修院古籍见证东西方文化交流

入选《世界记忆名录》的文献包括修院所藏之古籍。该修院于 1728 年创立，毗连的圣若瑟圣堂于 1746 年兴建，均为世界文化遗产。教堂规模仅次于耶稣会士兴建的圣保禄学院的天主之母教堂（即现在的大三巴牌坊遗址前身），因此，人们惯称它为“三巴仔”或“小三巴”。这所具历史使命的神学院，保存了自 16 世纪以来欧洲及东亚传教士来澳门学习的资料，如古籍、期刊、照片等，涉及神学、中国文化及语言、西方学术知识、科技、哲学等领域。这批典籍内容非常丰富，最重要的意义在于印证了澳门在近现代中西文化交流中的角色和作用。在 200 多年的办学历史中，修院和天主教在中国传教的命运一样，经历了种种波折。曾经因为耶稣会士被驱逐，该修院的教授和学生一度离散，该处更成为一座孤儿院，至 18 世纪后才得以复苏。

传教是神职人员东来的主要任务和目的，然而为了与中国官员交往，他们以西方文明及学术作为工具而得以进入中国之门，并同时学习中国文化语言，以便更易融入中国社会。这些手段的目的是传教，然而这个过程亦推动了各项活动的发展，增大了涉及的范畴，促进了东西文化的交流，令澳门产生了多元化的文献资源。他们从西方带来了大批文献，并且在澳门印刷图书。目前修院保留的神职人员用过的课本、参考书、中国文化和中文学习教材、教会档案、照片、书信等，都具有重要的历史价值，它们反映了几百年来天主教的发展状况，其中蕴藏了丰富的内涵，其世界意义充分具备了入选《世界记忆名录》的条件。

1. 历史人物

传教士以澳门作为基地向中国开展天主教活动的同时，亦通过介绍西洋学术，在尊重中国风俗礼法的前提下打开了传教的局面，立稳了脚跟。因而，东来的传教士，大都学识渊博，掌握多国语言。而文献当中涉及的人物也具有历史性的影响，其中有不少人是著名的学者、宗教人士。如教宗格列高利十三世（Pope Gregory XIII）（关于教宗的古籍见图 3 – 2）、利玛窦（Matteo Ricci）、龙华民（Niccolo Longobardi）、庞迪我（Diego, de Pantoja）、熊三拔（Sabbatino de Ursis）、阳玛诺（Emmanuel Diaz）、汤若望（Johann Adam Schall von Bell）、南怀仁（Ferdinand Verbiest）、邓玉函（Johann Schreck）、艾儒略（Giulio Aleni）、金尼阁（Nicolas Trigault）等，他们将当时较为先进的西方科技，通过翻译或讲授介绍给中国，在天文、地理、数学、机械、测绘、绘画，以及建筑等各方面带来了使人耳目一新的科学知识。从这些角度出发，可再次证明这些文献具有重要意义。

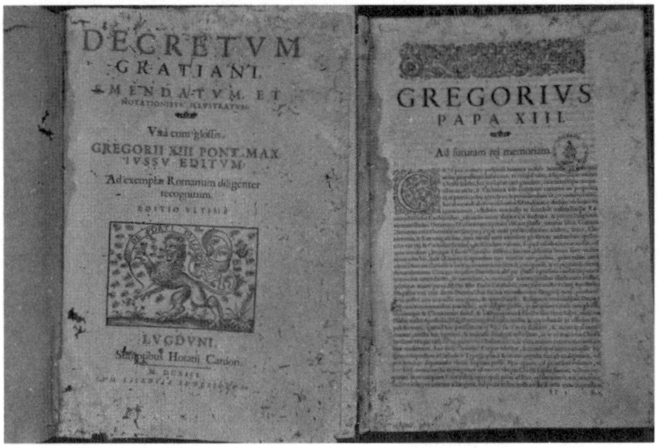

图 3 – 2　出版于 1613 年教宗格列高利十三世（Pope Gregory XIII）的古籍

传教的过程并不顺利，从康熙下令禁止在中国传播天主教到道光统治的 130 多年间，不断有反对和驱逐天主教士和教徒事件发生。传教士以澳门作为大后方，修院也曾是他们的安身之地，修院所藏的文献背后亦有神职人员的故事。例如，在1804年，葡萄牙的萨莱瓦（Joachim de Souza Saraiva）神父获罗马教廷委任前往北京任主教，但因当时正是清朝嘉庆帝禁教时期，他从葡萄牙抵达澳门后一直被拒而无法去北京。于是他选择留在修院讲课，教授数学、哲学及神学等课程。直至1818年去世，其遗体被葬于修院旁边的教堂。而他从葡萄牙带来的文献包括1742年出版的以拉丁语教授中国官方语言的书籍《中国官话》（*Linguae Sinarum Mandarinicae*）（图3－3），作者是Stephanus Fourmont，出版者是Hippolyte－Louis Guerin，出版地为Lutetiae Parisiorum。这些文献成为修院的珍藏，一直保存至今。

图3－3　1742年出版的《中国官话》

该修院自创办以来，培养了许多中国和东南亚各地教会人才，其中包括数百名天主教的神职人员，故此修院被称为澳门历史上最主要的教育中心之一，老一辈的澳门人称之为澳门天主教的"少林寺"。1800年被授予"皇家修道院"的称号，为澳门地区乃至全国的传教事业作出过贡献。神职人员、传教士和学生分别来自葡萄牙、西班牙、法国、意大利、日本、中国和菲律宾，他们得到葡萄牙皇室及澳葡政府在政治和财政方面的支持，可在澳门开展宗教传播活动，同时这也为贸易、教育、慈善、医疗等事业作出了贡献，更促进了中国及亚洲其他多个地区（日本、韩国、越南和东帝汶等）在语言和文化方面的相互交流。其中一些神职人员更是外交官、汉学专家、科学和文化等方面的著名学者。

2．神学文献

该修院丰富的文献是传教士竭力从事神学传播活动的见证，主要涉及圣经学、教义、神修、礼仪、教会法规、神学、天主教信仰解释、宗教历史、弥撒程序、人物传记等，这些文献供神学和传教活动之用，涉及欧洲语言、中文书籍，以及期刊等内容。例如古拉丁文的《大公会议历史实录》（笔者译 *Vera Concilii Tridentini Historia*）于1670年出版。所谓大公会议，是指世界各地主教集合，商议各地教会事务之会议，内容涉及大公会议的历史及教务条文、大公会议的历代记录，是各地教区活动指引的权威性天主教文献。有关教礼的书籍更是相对丰富，例如1740年出版的名为《教仪规条总览》（笔者译 *Thesaurus Sacrorum Rituum*）的文献，此书以拉丁文撰写，作者为Gavanto，出版地为威尼斯，书中详解弥撒、礼仪形式及正统天主教各种形式的圣仪。

与此同时，由于当时教学设备简陋，从一些早期文献的载体中，可以看到传教士的学习教学方式。该修院中保存了约300件玻璃板夹式菲林底片，属于19世纪后期产品，主要为宗教题材。他们利用自然条件，以原始材料——玻璃将图片夹住，再用灯光使之能投射。可见神学院的传教士在艺术、科学、摄影方面具有丰富的知识和高超的技术。而这些玻璃形式的底片摄影可被视作传统的摄影工艺。

由于传教士在中国必须使用中文，故有关宗教文献亦被翻译成中文，且数量甚丰。例如传教士利类思（Ludovic Bugli）、安文思（Gabriel de Magalhaens）意译的《超性学要》（原名 *Summa Theotogica*）全套，原著作者为圣多玛斯（Thomas Aquinas），清顺治十一年（1654年）初版（图3－4）。又如1873年出版的《永福天衢》，亦是一套较为完整的中文天主教文献，由圣方济各会修士利安定神父所著。此书的主要内容是主张笃信天主、提倡立善好德之伦理思想。

除此之外，神职人员也在澳门出版期刊以宣传其宗教。澳门出版的天主教期刊保存很完整，例如《澳门教区月刊全集》（1903—1992年），出版者为澳门教区主教；《澳门晨曦月刊全集》（1955—1959年）；《澳门晨曦周刊全集》（1978年起至今）；新加坡澳门区圣堂的《团结月刊全集》（1948—1989年）。这些期刊描述了澳门教区活动的情况，有的出版了近90年，内容详尽，有诗歌、散文，主要介绍澳门教徒进行礼拜的情况和教区活动状况等，亦列出一些教会开支的账目。这些资料可作为研究20世纪澳门及邻近地区天主教活动及关系的重要参考文献。一些保存较好的外地出版的宗教期刊有梵蒂冈出版的教会宪报 *Acta Apostolicae Sedis*（20世纪全套），还有葡萄牙出版的月刊全集，如 *Lumen*、*Brotéria* 等。数百年所积存的宗教文献资源明显反映出传教士对传教锲而不舍的精神，正因如此，才使澳门拥有了一批丰富的天主教宗教文献资源。

图 3-4 《超性学要》

3. 中西典籍

神职人员除了在澳门学习宗教类文献外，还保留了大量的中西方文献，从中可体现出传教所涉及的内容。传教士本着“感化”中国人的理念，努力学习各方面知识，其中学习中国文化便是为顺利传播宗教而进行的。从文献中可见他们学习的中国语言包括各地的方言，如粤语、上海话等。同时，在精通中国语言后，他们也对中国文化产生了浓厚的兴趣，除了向中国传教外，他们还向西方国家介绍中国的思想及传统习俗，引发了欧洲知识界新的兴趣。一批中文文献体现出他们对中国的皇帝制度、汉字、《易经》、佛教发展、建筑、传统习俗、孔子、风物志、民间玩意等有浓厚兴趣。他们探讨中国学术知识，如《中国科学总术杂志：科学，艺术，文学—旅游，射击，捕鱼》（*China Journal*：*Science*, *Art*, *Literature* – *Travel*, *Shooting*, *Fishing*）成为传教士的收藏文献，可见他们对中国文化的热爱。事实上，中国儒家思想学说传入西方之后，也引起了很大的反响，受到一些哲学家和启蒙思想家的欢迎。德国哲学家戈特弗里德·威廉·莱布尼茨（1646—1716 年）、沃尔夫（1679—1754 年），法国经济学家弗朗斯瓦·魁奈（1694—1774 年），法国启蒙思想家伏尔泰（1694—1778 年）都赞扬中国的哲学与文化。① 他们被称为“儒化”教徒，可从丰富的中文古典国学文献中体现出来。

在中国传教，传教士要先赢得中国上层人士的认同和尊重。因而，除了学

① 吴志良：《东西方文化交流：国际学术研讨会论文选》，澳门基金会，1994，第 29-31 页。

懂中文和中国文化外，他们更需要以欧洲的知识与学术成就作为进入上层社会的资本。修院珍藏的有关西方学术的文献中有医学、地图册、西方文学、百科全书等。据笔者搜集的资料，天主教活动为澳门所留下较早的西方古籍是出版于1578年及1602年的古拉丁文文献。1578年的是*M. Tullii Ciceronis Orationes Paulli Manutij Commentarius*，内容是对古罗马哲学家马库斯·图留斯·西塞罗在罗马议会的演讲进行注解、评论，反映出古罗马政治、经济等方面的社会情况，是经典的西方文化典籍。而1602年出版的《拉丁语作者》（笔者译*Auctores Latinae Linguae*），编者为Dionysius Gothofredus，出版地为S. Gervasii，由Haeredes Eustathij Vignon出版。该古籍主要研究拉丁语言及文学，是西方学术著作。

传教士通过在修院学习，将中国文化向西方国家传播，亦将西方的文明与科学带到中国。因此有学者认为“传教士被学者视为明末清初中西文献双向交流的主要传媒”[①]。16世纪西方宗教再度传入中国之时，西方社会发生了巨大的变化。随着文艺复兴运动的开展、资本主义的产生和科技的进步，思想活跃，观念更新，西方文明登上了一个新台阶，在世界上领先于古老的东方文明。[②] 由于澳门天主教在历史舞台上担任重要角色，其所拥有文献资源的历史甚为久远。16世纪末至19世纪活跃于澳门的神职人员，经常在亚洲各地游历和工作，因而促进当地学习和交流。他们有的居住或暂住在神学院进行研究、学习、编写教材和字典，以及将拉丁文、葡萄牙文等各种语言的书籍和期刊翻译为中文，也将中文翻译成外文。通过他们的不懈努力，西方科学、技术和文化传播到中国和其他亚洲国家，汉语和文化也引起西方的关注。修院中亦保留了早期出版的书籍。修院出版的《辣丁字文》（*Elementary Latin* 1833）（图3－5）便是其中之一。

4. 文献具有世界意义

从世界意义来看，尽管当年传教士东来的目的是传教，但客观上也拉开了二次西学东渐的序幕，使清乾隆和嘉庆时期一度中断了的中西文献活动又重新发展起来，从而使它们在中西文献交流史上有了一席之地。[③] 文献中可见其将西方社

---

① 潘玉田、陈永刚：《中西文献交流史》，北京图书出版社，1999，第32页。

② 吴志良：《东西方文化交流：国际学术研讨会论文选》，澳门基金会，1994，第295页。

③ 潘玉田、陈永刚：《中西文献交流史》，北京图书出版社，1999，第66页。

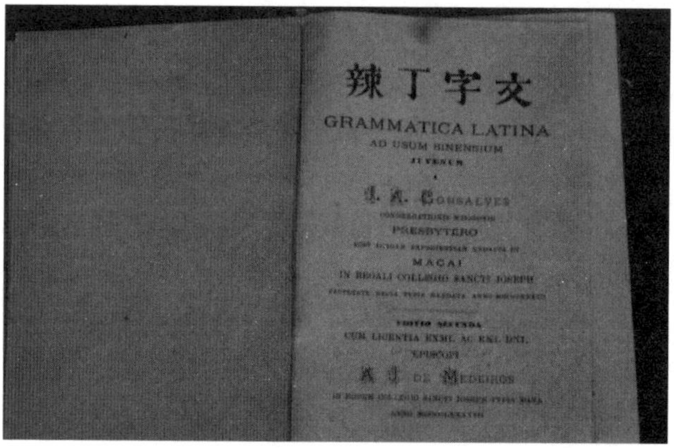

图 3-5　《辣丁字文》(*Elementary Latin* 1833)

会的风土人情以及艺术带到了东方，且向中国介绍西方的国情，开阔了中国人的视野。这些记录和资料的重要性，不仅在于其可追溯和了解天主教的角色和价值、传教士在东亚地区的教学情况及历史，更重要的是可反映出东西方在政治、社会、文化层面的互动和交流。珍贵的文献成为研究宗教、历史、中西关系以及社会文化发展的素材。它们见证了从 16 世纪中叶起，澳门成为天主教在东亚地区传播的中心地位及成为近代中西文化交汇的平台。这些都有利于了解天主教在东亚地区的发展和传播，并为研究东方和西方不同的文化和制度的相遇与关系提供了重要和独特的依据。

教区文献遗产的稀有性、可靠性及完整性是毫无疑问的。诚然，其中一些善本可能由传教士翻译、复制或后期再版，或分散在欧洲的某些图书馆中，并非孤本。但是，从其丰富的内容、覆盖的年代、产生的背景及馆藏地等方面来看，有关记录和档案成为一个完整和独特的系列，是不能取代或比较的。同时，多元化的历史文献宝库反映了传教活动的任务和文化特性，它们和东西方社会的互动交织在了一起。我们相信，收集的有关馆藏目前在亚洲地区是较为完整的。

四、天主教活动照片

如前所述，天主教在澳门最早的史料可追溯至 1555 年耶稣会传教士来澳门，随后有圣方济各会、奥斯定会、多明我会、显士会等相继东来，迄今已有 400 多年的历史。澳门拥有较大规模的教堂 20 多座，天主教主办大学、中小学校、托儿所、孤儿院、安老院、医疗院、伤残疗养院、青年中心等机构，为有关人员提供服务。修院保存的一批老照片极具价值，大部分是神职人员留下来的，见证了19世纪末至20世纪初的宗教活动，是修院院士和神职人员生活与学习，乃至从事社会服务工作和救济活动的真实写照，充分体现出近现代澳门天主教活动的轨迹，也反映了澳门某段历史时期的生活状况，是澳门居民的共同回忆。

1. 宗教活动

修院见证着澳门天主教的发展，宗教活动开展频繁，有主教就职仪式、传教、领洗、救济等记录。从老照片中可见，1876年苏沙主教（D. Manuel Bernardode Sousa Enes）（1873—1883年在澳门任主教）以澳门教区名义购置昔日英国东印度贸易公司产业，并将其交予嘉诺撒仁爱会的修女管理，翌年1月2日，该会在澳门正式成立会院，20世纪初，会院在白鸽巢仁爱院开设失明女童收容所（图3－6），并开设葡萄牙文小学，招收葡萄牙籍女童外读生。到1910年，该校已有学生220名，其中寄宿生60名。此为仁爱院嘉诺学校的始创史，该葡萄牙文小学于1974年停办，从1886年开始，一共开办了88年。[①] 这些旧照片让我们追溯历史。照片亦记录了关于新加坡和马来西亚传教士在澳门的活动情况，教廷与葡萄牙签订了政教协议，原属果阿（Goa）总主教管治的新加坡传教区和马六甲传教区于1886年7月23日，转属澳门教区主教管辖，此两区的教友均为葡萄牙裔居民。另外，更有不少教会活动的历史印记，如开展社会服务工作、救济活动、教友接受圣洗的情况（图3－7）等。

2. 神职人员生活写照

作为一所神学院，保存的图片资料充分反映了天主教神职人员学习和日常生活的片段（图3－8），记录了各地学员在澳门的活动情况。例如，鲍理诺主教到任后于1903年与修院全体神职人员及大小修生合照，其中有沙明道（Antonio Maria de Morais Sarmento）神父及高若瑟（Jose Da Costa Nunes）神父；另外，亦有关于东帝汶修士在澳门学习的情况，1941年，首位在修院完成培育的东帝汶修士 Pe. Abilio Caldas，晋铎首祭后，在西望洋海崖圣母小堂前与高若瑟主教留影。又如1965年，东帝汶帝力（Dili）教区主教 D. Jaime Garcia Goulart 到该修院探望东帝汶的修士，而其中一位修士 Alberto Ricardo de Silva 其后也成为东帝汶帝力

---

① 资料来源于澳门圣若瑟修院。

图 3 -6　失明女童收容所

图 3 -7　1898—1919 年间望德堂区接受圣洗者合照

教区的主教。还有在香港沦陷的三年零八个月期间，神学院修士在该修院就读的留影等，可见修院在培养神职人员方面不遗余力。

3. 小城历史遗迹

图3－8 修士休闲活动之生活照

由于天主教在澳门具有悠久的历史，这批照片在记录教会活动的同时，亦反映了澳门过去100多年来的历史遗迹及环境变迁。例如，1902—1918年在澳门任主教的鲍理诺神父（D. Joao Paulino de Azevedo e Castro），于1906年邀请慈幼会士来澳门，并建立了孤儿院。他们最初居于风顺堂正街五号，即“三巴仔”对面的楼宇内，后来迁往风顺堂街十六号慈幼学校现址，当时该址原属居香港葡萄牙人望族，后归孙中山所有，再转让给澳门教区。当时华人称这建筑物为“十六柱”，因此后人皆称之为“十六柱”孤儿院（图3－9）。另外，图3－10的照片摄于20世纪60年代，记录了戴维理主教（D. Paulo Jose Tavares）巡视氹仔旧码头登岸的一刻，由该照片中可见，昔日的氹仔只见山水和蓝天，宁静小村景致怡人，今天氹仔的发展一日千里，到处是密集的水泥森林和摩天大厦。

图3－9 “十六柱”孤儿院

（慈幼学校现址）

图 3-10　20 世纪 60 年代戴维理主教巡视氹仔

根据修院提供的资料，路环圣方济各小学原址（图 3-11）（现为澳门特别行政区政府监狱）也有一段历史。1952 年，嘉诺撒修女在路环设立会院，并租得当地的体育会房舍，正式开设圣方济各小学。1954 年慈幼会士孟迪尼神父主埋路环教务，并管理该校。其后因慈幼会士孟迪尼神父和梅素明神父工作时日很短，校务无法全面发展。1954 年初，陈仿贤神父接掌路环教务和学校，他尽心竭力，艰苦经营，校务突飞猛进。其后，得教会协助，在竹湾大马路取得原属嘉

图 3-11　路环圣方济各小学原址

诺撒修会的地段，兴建新校舍和司铎寓所，令学生人数渐渐增加。陈仿贤神父更开办寄宿学校，收容港澳地区学生数十人，造就了不少人才。然而，陈仿贤神父当时身患恶疾，于1963年前往香港就医，翌年病逝于香港。陈仿贤神父逝世后，由苏甘霖等神父继续主理校政，直至高秉常主教时期。之后交由慈幼会士仲顺天神父主持，改名圣方济各工业学校，收容澳门的问题青年，最后由澳门特别行政区政府接收，现改为监狱，这张图3－11所示的照片是澳门的历史写照。

4. 文化交流

由于澳门是东亚地区最早的教区，所以它就成为各地教友交流的核心地，与其他地区有着密切而多元的联系。不难发现，旧照片中记录了澳门教会人员与各地的交流情况及其他教区的照片，包括汕头教区、北海教区、驻马店教区、东帝汶教区、广州教区等。

1951年，一位新铎首祭后与参礼者在圣若瑟教堂前合影的照片，可以说是历史的见证（图3－12），据该修院的资料显示，照片中有来自各地的神父及修士，如山东周村教区的胡友松神父、赵方济神父、王守身神父（其后成为台南教区副主教），还有来自河南驻马店教区的杜崇实、段方济、袁文瑞，广西北海的陈达明，山西太原的李志贤，山东济南的季书章，湖北沙市的蒋剑秋等。他们后来被派到中国台湾、菲律宾、马来西亚及欧美等国家和地区，为华侨传教及其他服务者，有数以百计之多。从这些照片中可见，一直以来，中国澳门教会与中国内地、中国台湾、新加坡、马六甲、东帝汶等国家和地区的教会之间的联系非常

图3－12　1951年新铎首祭后与参礼者在圣若瑟教堂前合影

密切，教友之间的交往活动亦极为频繁。

各种交流活动的旧照片充分体现了中西文化在传教活动中的融合，照片可见清末期间，清装的华人修士与戴着中式礼帽的修院院长合照；西方传教士撑着传统的唐伞，与一位举着西式伞的中国神职人员合照（图 3 – 13），中西文化的交融尽在照片中。

图 3 – 13　中西神职人员合照

综上所述，澳门教区的文献遗产得到良好保护并留存至今，图书馆和储藏室用特定的柜子、书架、文件盒来储存，部分档案已制成微缩胶卷并存于澳门历史档案馆供大众查阅。文献遗产列入《世界记忆名录》后，教会、政府、民间都非常热衷于对文献的进一步整理，容之后有多方待合力进行编目分类、描述、编制索引。而民间社团方面，亦有澳门文献信息学会协助教会对有关照片进行电子化，务求保护珍贵的旧照片原件，以便更广泛地检索利用。澳门文献遗产能列入《世界记忆名录》，标志着它的普世意义得到了世界认同，亦肯定了澳门教区对保护人类社会共同记忆所做的贡献，进一步提升了澳门历史文化名城的形象。

五、汉文献与《国家珍贵古籍名录》

2007 年，中华人民共和国国务院办公厅颁发了《国务院办公厅关于进一步加强古籍保护工作的意见》，其核心宗旨是“抢救第一，合理利用，加强管理”，并为“全国古籍保护工作”组成了中国古籍保护中心，随之建立了《国家珍贵古籍名录》。《国家珍贵古籍名录》具有严格的入选标准，主要收录范围是 1912 年以前书写或印刷的、以中国古典装帧形式存在的古籍。入选的古籍必须具有重要的历史价值、思想价值和文化价值。过去数年，在澳门文献信息学会的大力推动及相关图书馆的参与下，澳门所藏的几套珍贵文献得到国家的认同，被列入《国家珍贵古籍名录》。这再次印证了澳门文献的珍贵历史价值。

1. 明朝古籍

澳门大学图书馆所藏的3部明朝古籍《新编纂注资治通鉴外纪增义》《重校正唐文粹》及《宗忠简公文集》（图3－14）于2009年6月被公布入选国家文化部第二批《国家珍贵古籍名录》，这是港澳台地区的古籍首次入选。在此之前，有关文献已引起学界的关注。2008年，澳门文献信息学会邀请北京、广州的文献专家来澳门，对珍藏的文献古籍进行初次考查评价，探讨澳门历史文献的重要价值，以了解有关文献申报中国《国家珍贵古籍名录》等的可行性，此举为申报奠定了基础。

图3－14　3部明朝古籍

追溯文献的源流，此3部古籍原为近代岭南学者汪兆镛、汪宗衍父子的藏书，其后由澳门大学（前身东亚大学）校董会主席何贤购入，并捐赠予大学图书馆珍藏。由此反映了澳门商人对文献的重视、与后人分享的热心。文献保存至今，弥足珍贵。其中《新编纂注资治通鉴外纪增义》由刘恕原撰，此书为明代刘氏慎独斋弘治正德年间的刻本，距今已有五六百年历史，曾是清康熙十三子怡贤亲王允祥及其子怡亲王弘晓所藏。由于注释详尽、刻印皆精，具学术研究价值及版本价值。而《重校正唐文粹》为明嘉靖三年（1524 年）徐焴刻本，由清朝的辛耀文跋。另一套古籍《宗忠简公文集》乃由宋宗泽撰，明张维枢选，为明万历三十三年（1605 年）之刻本，由清戈小莲校并跋。此 3 部古籍历经明、清两代名家批校题跋，承传有序，不仅体现了中华民族历代对珍藏文献的努力，而且具有历史价值和学术价值，因而成功列入《国家珍贵古籍名录》。

2.《翁方纲纂四库提要稿》

澳门"中央图书馆"馆藏的《翁方纲纂四库提要稿》于 2010 年入选第三批《国家珍贵古籍名录》。翁方纲是乾隆十七年（1752 年）进士，乾隆三十八年（1773 年）被推荐入"四库馆"参与编纂《四库全书》直至乾隆四十二年（1777 年），又于乾隆五十二年（1787 年）至五十五年（1790 年）奉命协助勘误文渊、文源、文津、文溯四阁抄本。现存的《翁方纲纂四库提要稿》是翁方纲任"校办各省送到遗书纂修官"期间，校阅各省采进图书时所撰札记及提要的手稿，其中著录图书 1 000 余种。具体而言，翁方纲参与《四库全书》的编纂工作包括校阅外省采进之书籍，以及奉命协助查阅文渊、文源、文津、文溯四阁抄本中的错误。前后统计，翁方纲参与《四库全书》编纂近 20 年。《四库全书》成书后，可以反映其编纂过程的原始资料或遭销毁或已散佚，而《翁方纲纂四库提要稿》幸存至今，这使人们对《四库全书》编纂初期的部分工作可以有一个概括性的了解。从内容中体现的如何取舍采进之书、撰写提要初稿的格式、反复修改的情况、纂修官的分工等，有助于查考明末清初佚失的图书文献，以及了解总纂官纪昀等人与翁方纲在学术观和政治观上的差异等。

《翁方纲纂四库提要稿》是一部合校书笔记、随笔杂抄，乃至缮录说明等内容的稿本，涉及经、史、子、集四部以及丛书，计经部有 190 多条、史部 220 条、子部 180 多条、集部 160 多条，丛书类 90 多条，数量庞大，为"四库提要稿"中最重要的一部。其价值在于反映翁方纲作为纂修官参与编纂《四库全书》的具体工作，从而可了解《四库全书》编纂的若干过程，亦反映翁方纲的学术观点和考据学成果。该套书稿对于"四库"学的深入研究有重要意义和价值，同时，亦反映了澳门保存文献方式的工作得到认同。

从上述澳门所藏文献，足见其意义和影响深远，有着独特的价值和不能替代的地位。对澳门而言，文献被成功列入《国家珍贵古籍名录》，既唤起了社会的关注，亦向外彰显了澳门文化，这标志着它的普世意义得到了世界认同，并肯定了澳门对保护人类社会共同记忆的重视，同时也预示着一系列工作正待展开。例如，在教会文献遗产的保护方面，不能不承认部分陈旧文件和古籍因时间久远而损坏。因此，对这些稀有文献的系统保存、环境设置、管理及利用等议题为学界所关注。另外，由于大部分文献尚未进行电子化，公众仍未能检索查阅，这对于研究澳门历史、探索天主教发展，以及近现代东西方文化交流的考证均构成障碍。因此，深入挖掘、整理、保护澳门文献更是刻不容缓，同时利用现代化技术开拓澳门文献信息服务，如建立澳门文献信息资源网络总库，使文献能真正得以广泛利用，配合当今社会急速发展的需要，也是澳门文献工作面对的新机遇和挑战。

第四章　澳门文献挖掘与整理

历史有赖于文献记载，而文献经过岁月沉淀的历史洪流便成为世人考证历史的依据。文献资源的价值在很大程度上取决于社会的意识和认知，亦取决于它与社会的互动关系。因此，探讨澳门文献史的主要脉络必定以澳门社会发展为重点，以佐证其发展规律。当澳门文献成功被列入各种名录之后，也意味着另一阶段的开始，很多工作有待进一步开展，包括研究澳门文献的种类和特色及其与不同历史时期的社会的关系，从而掌握澳门文献的演变过程；对历史上原始文献及一次文献进行整理，并开发二次文献、三次文献的工作项目，如编纂专题书目，分析澳门文献和整理摘要索引等，以便研究人员进行研究；评价有价值的澳门文献，通过提示、比较、选择、推荐，为研究者提供必要的参考读物，亦为读者解决学术源流、典籍存佚、作品流传、研究资料出处和来源等问题；开展翻译文献项目，一方面翻译有很高价值的葡萄牙文、拉丁文、法文、意大利文等书籍、档案、书信、手稿文献，另一方面翻译具有开拓性的中文著作，向国际社会推荐澳门。长远而言，从澳门文献的特点出发，运用比较方法进行各种研究，包括比较澳门与各地的文献发展状况，以及比较各个时期各个发展阶段的变化，从而由学理上探索规律和全球意义，渐渐形成系统的“澳门文献学”，以填补澳门文献研究的许多空白。

澳门文献具有珍贵的研究和参考价值，这已成为许多国内外学者的共识。因此，可供我们挖掘、整理和研究的空间非常大。例如，澳门早期政府文献包括档案、政府公报、出版品等充分反映了澳葡政府制度的演进、社会变迁；回归前葡萄牙殖民式统治时期的收藏制度令澳门馆藏了丰富的葡萄牙文文献，从中折射出葡萄牙人在文化传播方面的得与失；清中后期蓬勃一时的澳门报刊在中国新闻报业史上刻下了重要的印记，尤其是《译报》《葡萄牙文报》等成为澳门特殊历史环境的写照；抗战时期有识之士云集澳门而留下一批思想及哲理文献；还有澳门的国际组织寄存文献、航海文献、私人收藏家珍藏古籍、宗教活动文献、澳门地方文献、图画、照片等不胜枚举。多元的文献体现了澳门的多元文化，反映了澳门城市的历史色彩和小城的魅力。在此我们尝试从不同角度探讨澳门文献可挖掘和研究的空间。

一、佛教与文献

在澳门，海洋文化的包容性可见于中外宗教的互容和共存，传统佛教亦是儒、释、道三教交融。弹丸之地的澳门，已有庙宇 40 多处，佛、道、民间俗神各式俱全。这种不拘一格的庙宇文化也正是澳门的特色，实际上其也受岭南佛教文化影响，尤其是明清鼎革时期，遗民逃禅成为岭南时代风潮，不受佛门清规的制约已是澳门的文化特色。因此，澳门庙宇里除了有释迦牟尼、观音、妈祖外，还有财帛星君、文昌帝君、吕祖、太岁星君、土地、关帝、包公、石敢当、康公、朱大仙、洪圣爷（大王爷、大王）、哪吒、谭仙、悦城龙母、黄大仙等，神佛神像真是数不胜数。澳门居民已习以为常，甚至连在生者亦被视如神明般供奉。例如城隍庙除了城隍、洪圣大王这两位民间传说的神外，还供奉张之洞(1837—1909 年），其实 1908 年建庙时，张之洞还在世。因为当时张之洞坚决反对签订《中葡和好通商条约》，捍卫中国领土主权，并力抗澳葡扩张澳门界址，因而成为澳门人民保护家园的精神支柱而受到极高的尊崇。由此可见，澳门佛教文化的包容性及寺庙中对神明供奉的开放性，亦体现了澳门的多元性。

澳门庙宇之多，其中很大原因是以往澳门时常发生瘟疫，医疗水平低、知识不足，加上澳门居民的信仰既有农业文化的古老基因，又受海洋文化的影响，故求助于各种神佛也是很自然的。除此之外，澳门的庙宇更承担宗教以外的官庙和华人议事的功能角色。葡萄牙人登陆澳门、清代官员来澳门驻节庙宇，林则徐执行禁烟、中美签署的第一个不平等条约……皆与庙宇有关。可以说，澳门庙宇不但见证了澳门的兴衰，而且见证了国家命运的起伏。澳门不少庙宇如普济禅院（观音堂）、菩提院、功德林等所设的藏经阁保存有各类文献，如佛教典籍、名人字画、手稿等。

文献的产生往往与社会发展有着密不可分的联系，澳门独特的佛教文化背景使相关的文献资源得以发展。澳门无量寿功德林曾是有识之士活动的场所，寺中所存的文献亦反映了澳门近现代的社会发展，并与有识之士如张寿波（观本法师）、竺摩法师，以及在澳门推动佛学书院的活动息息相关。而在澳门文献的宝库中，这些典籍占据了重要的位置。

1. 功德林寺庙

在众多的寺庙中，无量寿功德林（以下简称“功德林”）与著名的圣若瑟教堂近在咫尺，除了体现澳门中西宗教文化和谐共存外，该庙宇及其文献与圣若瑟修院一样，可研究的空间非常大。虽然该庙创建于民国初期，时间相对较短，只在百年之内，亦不能与其他庙宇如三街会馆般担当华人议事的角色，又不如莲峰庙、普济禅院那样具有官庙的地位。但是功德林亦具有其无可比拟的特色，它是以弘扬净土宗为主的佛教寺庙，初期主要功能为慈善女修院，随后设佛学研究班，并曾聚集了不少港澳及其他各地文化名人。由于该庙初期办学之故，寺中藏经阁拥有丰富的佛教文献，更保存了一批珍贵文献遗产——贝叶经。值得研究的是，功德林创建的关键人物张寿波（观本法师），自身有着极不平凡的经历：他曾与梁启超“公车上书”，更在澳门推行了各种进步活动。另外，民国时期，著名的竺摩法师曾因香港战乱而留在功德林讲课，吸引了不少文人贤士。这座深藏于百姓家、与世无争的寺庙，藏着的是澳门一个时代的印记。

关于功德林创建的确切年份，以及功德林内所设的佛教学社的创办人有多种说法。据《曲江张氏族谱》（图 4－1）中郑子健的记载，观本法师（1868—1945年）俗姓张，名寿波，号玉涛。他于 1918 年在澳门创建澳门佛声社，招集同志，提倡素食，积极努力开展星期讲学活动，使澳门念佛法事由点到面，逐渐扩大时兴起来。1925 年就其故居念佛道场改组无量寿功德林，成为澳门功德林之始，并呈报澳门政府批准，功德林永为慈善性的女众修院，请上海灵山寺朝林老和尚挂临济钟板。[①] 虽然此说法被学者谭世宝、胡慧明、王晓冉提出异议，他们根据功德林内各种牌匾、铜钟等器具上所雕刻的文字记录，以及相关文献的考证分析，指出功德林创建年份的多种可能性，认为它很有可能在 1919 年前已初具规模了。同时亦认为佛学社创办乃至功德林的创立，并非仅仅是张寿波一人之力，还与其他人士如释观愿法师、张莲觉善长等有关。前者于 1921 年至功德林听教研律，后者及其家庭成员参与了功德林及其佛学社的筹建及捐助。[②] 佛学社是佛学研习社之类的地方，无须改为佛教。

无论如何，可以肯定的是，功德林始建于民国初年，此座曾为佛教学院的庙

---

① 《曲江张氏族谱》，卷四。

② 谭世宝、胡慧明、王晓冉：《澳门功德林创立之史迹钩浮沉》，《文化杂志》中文版第 73 期，2009 年冬季刊，第 193－220 页。

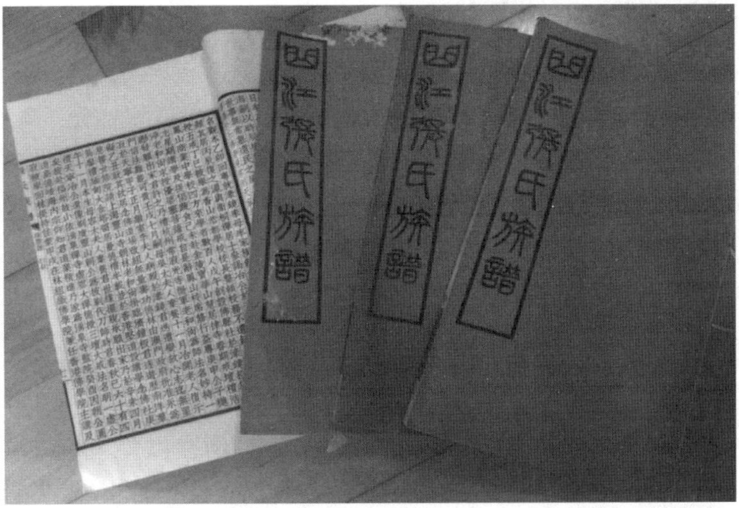

图 4－1　《曲江张氏族谱》

宇，为不少文人墨客、僧尼、有识之士如观本法师、竺摩法师，甚至画家高剑父等营造了传播及交流佛教文化的平台，他们在此学佛论道，在传播佛教文化的同时，更进行思想交流，产生火花，为澳门积淀文化资源。由于功德林为佛学院，寺庙中留下了珍贵的文献资源，尤其是贝叶经。笔者得到寺庙住持释戒晟法师的指导以及寺中女尼的帮忙，在藏经阁中进行调查研究，对寺中古籍有了初步了解。

2. 佛教文献

据笔者了解，功德林藏经阁中的古籍约 5 000册，大部分是佛教文献，且主要是 19 世纪至 20 世纪初的线装书、手抄书、书画（图 4－2）等。据该寺住持表示，这些文献主要是从前佛学社的教材，供学员参考之用。因而寺庙中收集的主要是佛教经书，例如，由佛家弟子李子农捐资印刷的《药王药上二菩萨经》；1920 年出版的《大悲合节忏仪》，其书名页中列明“中华民国九年仲秋本房弟子

图 4－2　功德林藏经阁中藏的画作

重刊，浙杭西湖慧空经房印造流通”；全套保存良好的43卷《大藏经》。还有其他经书如宋碛的《砂藏经》《梵钢经》《莲华经》《十六观经》《义音经》《禅师语录》《金刚经五十三家注解》等，以佛教和中国传统伦理思想题材为主。除了经书外，还有一批佛学的书籍，如光绪二十四年（1898年）的高等佛学教科书《大乘起信论科经》；出自“金陵刻经处”的《大乘起信论疏解汇集全函》（线装书）共12册；《佛学大辞典》共16卷；《高僧传》（线装书）共8卷；唐京兆大荐福寺的《义净传》；洛阳广福寺的《金刚智传二》。寺中一套保存良好的10册《杨仁山居士遗著》（以下简称《遗著》）令人想起中国佛教协会前会长赵朴初在《金陵刻经处重印经书因缘略记》中评价杨仁山：“近代佛教昌明，义学振奋，居士之功居首！”杨仁山居士的著作备受佛学界推崇，他整理和校刊的佛经，被认为是“至精且当”。该套《遗著》也成为藏经阁中的珍藏。

说到珍藏，值得一提的是藏经阁内的一套共80卷的《大方广佛华严经》（图4－3），此乃著名的佛教经典，也称《杂华经》。目前学术界一般认为《大方广佛华严经》的编集经历了很长的时间，大约在公元2—4世纪中叶之间，最早流传于南印度，之后传播到西印度和中印度。该佛教经典汉译有3种：①东晋佛陀跋陀罗译，60卷34品，称《六十华严》；②唐实叉难陀译，80卷39品，称《八十华严》；③唐贞元中般若译，40卷，称《四十华严》。据有关百科全书所指，“在译本中，亦是以唐译的《八十华严》品目完备，文义畅达，最为流行。”[①] 功德林内保存的属于上述的第二种，十分珍贵，其印刊年份应为民国初

图4－3 《大方广佛华严经（八十华严）》

① 中国大百科全书总编辑委员会：《中国大百科全书：宗教》，中国大百科全书出版社，1998，第162页。

年。除了佛教经典，寺中收藏了不少国学及中国文化的书籍，其中不少为手抄本的袋装书，如《大学》《中庸》《论语》等。

3. 珍贵的贝叶经

文献的载体经过数千年的发展，不论是泥版文献、纸草文献、甲骨文献、金铭、石刻、羊皮、竹简，或是刻写在棕榈叶上的贝叶文献，都是人类文明进程的标记。在功德林珍藏的贝叶经，诚为镇寺之宝。贝叶经发源于印度，已有 2 000 多年的历史。在纸张出现以前，古印度人采集贝多罗树的叶子，通过采摘树叶、水煮、晾干、磨光、裁割、烫孔、用坚硬铁笔在叶上刻写、上色及装订等步骤而形成一套经书。贝叶经多为印度的古典语言泰米尔语和梵文，内容涵盖医学、农业、科技等不同知识领域。佛教徒们也用贝叶书写佛教经典和画佛像，记录各种活动并刻上佛教经文，因而出现了“贝叶经”之名。由于贝叶比较耐磨和轻便，千百年后字迹仍可清晰辨认，故当时成为一种甚为流行的文献载体。在印度，早期的贝叶经写本几乎已失传，在中国同样相当稀少。据说唐代高僧玄奘西去取经，从印度带回来 657 卷贝叶经，并在长安翻译佛经，这些贝叶经至今被珍藏在大雁塔中。目前，流传在中国的贝叶经少之又少，在西安大雁塔、峨眉山、普陀山、中国国家博物馆等处存有少量版本，因而贝叶经已被定为国家一级文物。在印度、尼泊尔、缅甸、泰国、印度尼西亚等国家仍拥有用巴厘文、缅甸文、泰文等拼写的贝叶经。另外，在西双版纳发现的贝叶经，有巴厘文本和泰文本，内容除小乘佛教经典外，还有许多传说、故事、诗歌和历史记载等。

澳门功德林所藏的贝叶经有 2 000 多片，共 8 捆（册），每捆用布包裹，以绳穿过叶面上的孔，并用木夹板作为封面及封底以起固定及保护作用，不至于散乱且利于携带，此装订形式为“梵筴（夹）装”，外侧两面均涂上金漆，至今全套保存良好（图4－4、图4－5）。据了解，寺里藏经阁对珍贵的贝叶经管理很严格，未经寺中住持允许，任何人不得擅自进入藏经阁带走经书。即凡是佛教经典和贝叶经，都不允许个人带出佛寺藏入私人家中。所以，贝叶经以及其他古籍在佛寺里没有流失。据初步了解，此套贝叶经是以缅甸文刻写的佛教经书，已存于寺中多年，是以往在此办佛教学社的法师或居士从海外带回来的佛教经典，一直被珍藏至今，见证着功德林的发展。可以说，这批佛教经典是澳门的文化遗产，承载了佛教文化，也承载了文明的进程；同时亦反映了澳门宗教文化在近现代史上的传播与发展，以及澳门与外部世界的交流和联系。

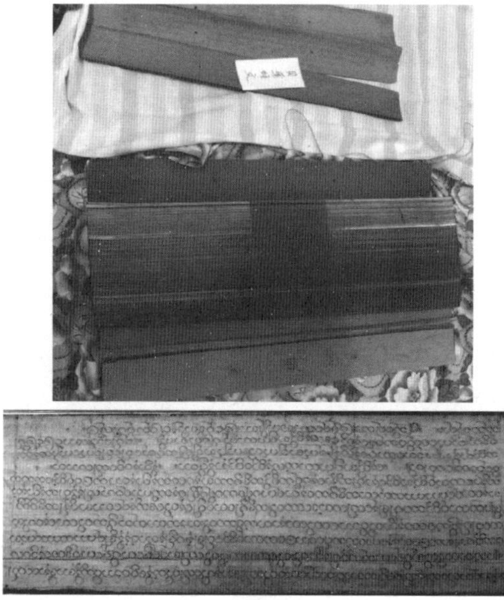

图 4－4 藏于功德林的贝叶经

图 4－5 一套 8 捆的贝叶经

文献的研究范围是探究其产生和演变及其与学术史之间的相互影响，每个时期澳门文献的产生与变化，都有力地反映出当时的社会发展。事实上，研究澳门文献，有助于我们认识各个时期澳门的面貌。

4．张寿波（观本法师）与澳门

以现代文献学的含义和内容而言，文献学是以文献和文献工作为对象，研究文献的产生、发展、整理、传播、利用及其一般规律的学科。功德林所藏的珍贵文献，可供我们探讨当时的社会背景，尤其反映了澳门作为有识之士活动平台的作用。

无量寿功德林与观本法师的关系在功德林创建纪事木碑录文中可见。一直以来，除了以上提到的郑子健在《曲江张氏族谱》《观本法师事略》（载于《圆音月刊》1947 年第 5、6 期）等文中对观本法师生平作出评述外，徐金龙的《在澳弘法的粤籍高僧观本法师》、华方田的《澳门佛教组织》[①] 等文章也探讨了观本

① 华方田：《澳门佛教组织》，《世界宗教文化》1999 年第 4 期。

法师与功德林，这些文章多在郑子健的资料基础上作进一步研究，可见观本法师在佛教领域乃至社会文化活动方面皆具有一定影响力，也是一位备受尊敬的人物。从另一角度而言，澳门的特殊地理及政治环境，为历史上追求理想的有识之士提供了空间。与其他知识分子如郑观应、孙中山、康有为、梁启超等人一样，张寿波丰富而曲折的人生旅程中有着对澳门的贡献。

1894 年，正当中国处于动荡不安的时局，张寿波与叔父仲球、同乡好友陈蔚秋、陈筱江等人从香山南屏乡来到澳门。不久，他们便在澳门开展了一系列推动文明进步的运动。首先，他创设了“原生学舍”（地址：澳门荷兰园 13 号，其后全家亦迁至澳门居住），并利用澳门作为平台，不仅研习中西文字，还成立戒烟会、戒妇女缠足会，同时成立演讲团、阅书报社等进步组织，积极开展各种救国救民的活动。第二年，他又创办了“原生学堂”及“原生书藏”等服务事业，而且这些事业得到很大发展。光绪二十三年（1897 年），张寿波赴北京联名参加震惊中外的“公车上书”，反对签订《马关条约》，以“变法图强”为口号，组织强学会，掀起维新变法运动。不料变法失败，他因此遭受到诽谤和打击。于是张寿波东渡日本游学，次年在横滨学习商业，专心从商的他在 1901 年回国经商。1903 年，日俄瓜分中国东北和朝鲜的谈判破裂，日俄战争爆发，张寿波再次参与社会活动，包括红十字会募集捐款活动，并获国家奖章。1904 年，他与妻子再次赴日本留学，进入东京帝国大学，选读研究政治经济专科。1906 年，他兼任上海广智书局《编辑学报》驻东京主任暨横滨大同学校地理教席。1908 年，他移居神户，任同文学校校长，借此大力振兴华侨教育。1911 年他随团回国，再度参与红十字会的工作。然而，在当时一代废兴难料、劫运难测的局势下，其母亲对他活跃于社会活动感到忧心忡忡，告诫他弃仕途而专心从商。于是，他在 1912 年再次离开中国东渡日本，入大阪工厂研习化学工业以及制帽方法，其后回上海经营帽业。可惜，因时局动乱，生意遭逢失败。

经历种种，他开始感到世事之无常，并萌生禅隐之念。1914 年，适逢粤汉铁路局委派他到上海办事，因缘际会下，张寿波在上海玉佛寺里遇见了来自常州天宁寺著名的冶开和尚，于是他决定皈依其门下，专修净土法门，改法名为观本。观本法师在皈依佛门之后，更致力在澳门弘扬佛法，参与功德林之创建，办佛学社等。1931 年 4 月，观本法师在常州天宁寺的冶开和尚遗像前剃度落发，正式出家，当年 64 岁。

据郑子健的记载，张寿波办妥功德林事务后，曾游历南洋群岛，参礼缅甸大塔寺，并留居曼德里时达半年之久。缅甸为佛教之国，已有 2 500 多年的历史，而1 000多年前，缅甸人就开始把佛经刻写在贝多罗树的叶子上制成贝叶经，缅甸拥有的贝叶经多在仰光和曼德里的寺庙（UNESCO缅甸国家委员会已提交抢救该国贝叶经的计划）。因此，功德林所藏的贝叶经是否由他此行带回澳门，有待我们进一步研究。

5. 竺摩法师与功德林

抗日战争时期，因澳门未被战火波及，大批文人富商为避战乱逃到澳门，这亦为佛教活动营造了空间。在澳门功德林佛学院的发展历程上，还有不少的佛教大师名人汇集于此，著名的竺摩法师便是其中之一。1939年，应东莲觉苑林楞真苑长及主讲靄亭法师之邀，竺摩法师来到澳门功德林办佛学研究班，当时有学生释照真、黄本真、释性真、李朗真、释觉原、释了愿等10余人，皆是东莲觉苑第一届毕业生。靄亭法师因要退隐青山海云兰阁，嘱竺摩法师再为他们讲唯识，讲《解深密经》及《因明大疏》。讲课之余，他们亦共同主编《觉音杂志》等宣扬佛学的书刊。据竺摩法师的记述，他在此结识了许多港澳地区的文化人，而在澳门功德林的日子是很有意义的。在其自述中这样写道：

> “一日，岭南画哲高剑父氏来随喜听讲，见我书屏条，甚为欣赏，并谓：‘既已学书，何不学画？学佛我可奉汝为师，学画则汝师我才可能！’次日复来，送我大草一联，语为：‘莫问布无法，已空生灭心’，上款‘竺摩私师博’，下款‘建国三十一年试粥饭僧高剑父手制墨’。自此我游于艺，渠耽于禅，遂成忘年之交，时剑老年逾六十，我年仅二十七。时五羊城沦陷，百粤文人，多避居澳岸，组清游会，每源周日雅集，各出书画诗词观摩，以文会友，我在讲编之余，亦被邀滥竽其间，逢场作戏，视为人生之一乐。”①

可以想象，当时澳门在相对自由和平的环境下，功德林常有贤士相会，不仅为学佛之场所，亦是弘扬学术文化和联谊之地。

1941年香港沦陷，1943年竺摩大师未能按计划留在香港，便返回澳门在功德林隐居潜修5年。1948年尹法显居士、潘静闻居士、陈圣觉居士等借云泉分社二楼为道场创办“澳门佛学社”，聘请竺摩大师出任为道师，驻社讲经弘法。1951年，为扩大弘法范围，创办《无尽灯》杂志，并出版多种讲经著述，风行

① 柳莲辑录：《竺摩法师自述及濠江遗稿铥钩沉》，《文化杂志》中文版第73期，2009年冬季刊。

港澳地区及海外。1954 年始，竺摩大师先后赴尼泊尔、泰国、檀香山、马来西亚、新加坡等城市和国家，讲经说法，在弘法的同时，亦开展了文化交流活动。

文献是历史的载体，一个地区文献资源的存在，往往与当地社会发展息息相关。竺摩大师在此居留及弘法令人联想到寺中所藏的佛教文献。功德林所藏的贝叶经是否与竺摩大师有关，现亦难以考证。

澳门自开埠以来，受宗教文化的影响极深，西方的天主教曾经以澳门作为向东方传教的基地，令澳门产生了具有世界意义的文献遗产，使澳门成为东西方文化交流的桥梁，文献遗产也因而列入 UNESCO 亚太地区《世界记忆名录》。如果说天主教文化在澳门影响深远，那么佛教文化更是根深蒂固。就本文的研究对象功德林而言，虽组建时间并不算长，但由于此处曾办佛教学社，从民国初年到抗战时期，当世界多国处于纷乱中时，澳门却聚集了不少有识之士、著名佛教大师、文化名人，他们在此进行交流、学习、研究佛学，因而藏经阁内保存了甚为丰富的佛教文献、儒道学说之典籍。

对澳门功德林所藏贝叶经的考证，包括年代、文字、内容、来源，以及这批文献的保育与整理，都是我们即将面对的工作。研究功德林所藏的珍贵文献，不仅是研究一所寺庙中的佛教典籍，更重要的意义是研究澳门佛学的渊源，澳门由清末动荡到抗战时期有识之士、文化名人等在澳门的情况及在亚洲的影响，以及澳门在近现代史上的角色和地位。

二、档案史料挖掘与整理

由于特殊的历史因素，澳门自 16 世纪以来一直是邻近内地并通达四海的小城，从澳葡政府、民间及遍布世界各地的丰富档案，皆见证着历史上这南海一隅小城与外部世界的广泛联系。

1. 丰富的澳门历史档案

档案与历史研究之间存在一种有机的联系，因为档案的收集和整理决定了历史研究的发展。根据澳门第 73/89/M 号法令（1989 年 10 月 31 日），公共档案是属于澳门地区政府机构、公共行政当局机关，包括自治公共机构、市政机构、公共企业及行政公益集体的全部档案。具体而言，公共档案收集范畴包括刊登于政府公报的官方文件的正本、立法会文件、法院文件、自治公共机构文件、市政机构文件、行政公益集体文件、公共企业文件等。由于澳门在明清时代是中国与西方联系最重要的窗口，广泛和多元的交流使澳门产生了较为丰富的档案，涵盖几个世纪的时间跨度。从澳门特别行政区政府档案来看，澳门市政厅的档案最早，由1630年便已开始有存档。然而，从数量上看，澳门民政厅的档案最多，其所涉及的事务更为广泛。而其他的16世纪或16世纪以前的档案多为天主教教会档案或从外地收集而来的档案，这亦充分显现出澳门曾经与世界多个地区有着广泛而深入的联系。所以，从澳门特别行政区政府档案以及天主教教区所藏档案可见，其研究价值表现在多个方面：历史相对悠久、涉及范围广泛、尚有很大的发展和开拓潜力。

从葡萄牙殖民时期的文献遗产到回归祖国前的澳门档案（表4－1、表4－2），它们不仅可用来研究数百年来澳门及与之有关地区各方面的演变，更是研究澳门的重要参考文献。

表4－1 澳门历史档案馆馆藏

公共档案	馆藏年份	档案宗卷
澳门市政厅	1630年6月4日—1975年12月31日	1 462
澳门民政厅	1734年3月24日—1982年10月28日	29 418
澳门财政厅	1843年11月30日—1954年4月29日	921
澳门教育厅（教育暨青年局）	1871年9月2日—1983年1月4日	4 157
澳门经济厅	1969年4月30日—1971年12月31日	1 043
澳门土地工务运输局	1914年8月17日—1984年3月29日	198
澳门基本法协进会	1984年12月19日—2000年1月28日	396
澳门官印局（印务局）	1914年1月2日—1995年12月29日	1 281

资料来源：澳门历史档案馆网页。

表4－2 胶卷复印记录

来源	馆藏年份	微缩胶卷
中国澳门仁慈堂	1459—1938年	74
中国澳门天主教堂区档案	1847—1913年	10
有关家谱的档案文献，由犹他家谱研究学会从澳门民事登记局、法院海岛市行政委员会档案中选取拍摄而成的微缩胶卷（由Carl T. Smith编制）	1569—1982年	439

续表

来源	馆藏年份	微缩胶卷
葡萄牙国立东坡塔档案馆	1693—1886 年	17
葡萄牙海外历史档案馆	1587—1911 年	222
葡萄牙利里亚（Leiria）区档案馆及公共图书馆	1915—1949 年	4
葡萄牙里斯本国立图书馆	1557—1892 年	6
葡萄牙里斯本科学院图书馆	1544—1756 年	9
葡萄牙阿儒达图书馆	1575—1870 年	117
葡萄牙庞利马（Ponte de Lima）仁慈堂	1640 年	1
印度果阿历史档案馆	1664 年；1786—1840 年	2
西班牙马德里国家档案馆	1544—1752 年	6
法国巴黎国家图书馆	16—18 世纪	27
梵蒂冈机密档案馆	1804 年	2
泰国国家档案馆	1854—1942 年	4
耶稣会罗马档案馆	1585 年	1
文莱博物馆	1705 年	1
荷兰国家档案馆	1729—1816 年	17
中国第二历史档案馆	1905—1949 年	30
瑞典民俗博物馆属下档案室所藏 Johan Abraham Grill 专档	1744—1792 年	22 CD－ROM
巴西里约热内卢国家图书馆	1596—1756 年	4
中国香港历史档案馆	1972 年	1

资料来源：澳门历史档案馆网页。

从澳门历史档案馆馆藏可见，档案资料涉及政府部门和民间组织，另外收集和整理了海外有关澳门历史的档案，拍成微缩胶卷的也可称得上浩如烟海。最古老的仁慈堂档案由 1459 年开始，有 358 套（卷宗、抄本等）拍成微缩胶卷，其中还包括 2 套 15 世纪末的档案，授予仁慈堂的特许状、执照及权利记录的一些手抄本等。除此之外，还有一些从海外收集回来的专题档案拍摄为微缩胶卷，如

1792—1942 年由商人、游客、传教士和外交官撰写的记录“西方人眼里的中国”；1852 年以前由西方商人、旅行家、传教士和外交人员撰写的“东方遇见西方”原记录；收藏于伦敦大英图书馆的“东印度公司档案”等史料。

议事会档案包括 1630—1900 年间各届会议的记录和各种法令的原始档案；1710—1840 年间果阿葡属印度大总督发出的命令和指示记录；1710—1900 年间来往函件和各类文件，以及一些财政账目、经商执照、通行执照和 19 世纪以来的支付记录,[①] 从保存档案的内容可见其政治权力。相当部分的档案是选举的记录，包括议员选举、市政厅委员选举、市政厅长选举、葡萄牙共和国总统选举、市政厅政府咨询代表选举等。例如在 1842 年 12 月 11 日—1869 年 1 月 12 日的澳门市议会及澳门议员选举记录（*Actas das Eleições do Leal Senado da Câmara e de um deputado por Macau*）档案中，记录了议事会每 3 年进行 1 次选举，按其选举制度，每次选举 6 人，由澳葡总督最后确认市议员，其中 3 名为 40 岁以上的长老，2 名为 30 岁以上的初级法官，1 名为民政长官（检察长）。这充分体现市政厅当时的政治地位。[②] 而现存于澳门的首件政府档案是市政厅档案“澳门市政厅议会的一般建议期限”（笔者译 *Termos dos Conselhos Gerais do Leal Senado da Câmara de Macau*），档案编号为 AH/LS/529 - 530，1630 年 6 月 4 日。

诚然，1783 年发布《王室制诰》后，议事会已渐渐失去大部分的管治权力。19 世纪中叶鸦片战争后，澳葡政府的殖民制度色彩和影响日益增加。20 世纪 30 年代，澳门在《殖民法》的影响下，进一步加强了代表葡萄牙国家的“中央集权”澳门总督权力，地方行政权力受到进一步限制。而与市议会抗衡政治力量的民政厅随之产生。澳门存有民政厅档案近 3 万卷宗，数量最为丰富（表 4 - 1）。事实上，它的成立标志着澳门行政体制系统化的开始，也是与议事会权力抗衡的开始。民政厅是政府各功能部门的前身，其雏形为澳督总秘书角色。1734 年 3 月 24 日，通过了关于澳门总督设立负责管理登记各项命令的秘书处，取名为政府总秘书处[③]。1875 年 3 月 27 日，政府颁布训令批准成立，官方名称为 Secretaria do Governo de Provínvia de Macau e Timor，即澳门和地扪省总督秘书处，处理澳门的行政事务。其作用是配合葡萄牙的政策，抗衡市议会的政治势力。澳门历史档

---

① 章文钦：《档案与澳门历史文化研究》，《文化杂志》1998 年第 34 期。

② 杨开荆：《澳门特色文献资源研究》，北京大学出版社，2003，第 25 - 26 页。

③ 施白蒂：《澳门编年史》，小雨译，澳门基金会，1995，第 122 页。

案馆所藏的档案可系统地反映出澳门的政治发展历程。[①]

2. 专题史料整理

我们相信澳门史料的挖掘仍有不少空间，不论是本地还是海外，第一手或第二手的史料，包括在历史档案、手稿、日记、家谱、澳门地方文献、工具书、研究报告、报刊、政府公报、学术成果、口述历史等载体形式中呈现出的重要素材。近年人们热衷于对澳门的研究，学者们对史料的探索意犹未尽，在澳门史料整理和挖掘的过程中，学者们在根据各自研究的专题展开研究的同时，还针对特定领域进行资料搜集，由此形成了相当数量的成果。笔者亦曾就澳门路氹史料、澳门街道等专题进行文献搜集，在此试对相关主题的研究探索文献进行论述。

（1）路氹史料[②]。

对于路氹史料，不少学者已做了大量的搜集和整理工作。学者从古书籍中整理出不少有关氹仔路环的史料及记载，如《香山县志》《广东通志》《清实录》《海道图说》等。不难发现，许多的史料不一定出现在专题著作或论说中，而是在文献内文中或档案内，或报刊新闻中。

就澳门的路氹史料而言，在明清档案中便有不少相关的素材。例如，早在明朝天启四年（1624 年），兵部尚书赵彦等在推补广州海防参将、弹压香山濠镜等处夷船事的题行稿中，便提及十字门所处位置的重要性，不仅仅是缉私捕盗的便利之地，更是抗御外患的关键门户。题行稿中谈道：

> “……澳门前山等地处水则十字门、九洲洋、石龟潭虎跳等处，澳内备倭官兵须听约束，一应提防，须加严谨，关门启闭以时，如有内地奸徒搬运货物夹带人口潜入接济澳中夷人，阑出牧马游猎，扬帆驾桨偷盗劫掠等项，盖听本官擒拏解究……”

在清嘉庆十三年（1808 年）九月，嘉庆帝在给两广总督吴熊光等令英兵退出澳门并调派官兵预备剿办的谕旨中，亦提到氹仔鸡颈洋面之地的重要性。当时谕旨中指英国兵借称法国人占据澳门阻碍贸易为由，带领兵船炮械停泊于鸡颈洋面。谕旨中有这样的记录（图 4－6）：

---

① 杨开荆：《试析澳门档案现况与长效发展》，《档案季刊》2011 年 12 月第 20 卷第 4 期。

② 杨开荆：《路氹史料文献综述》，《海岛迴澜——路氹历史丛刊》第 4 期。

“……现在先后到船九只，皆带有炮械火药等物，竟敢湾泊香山县属鸡颈洋面，并有夷兵三百名公然登岸注居澳门三巴寺、龙嵩庙，分守东西炮台，实属桀骜可恶……”

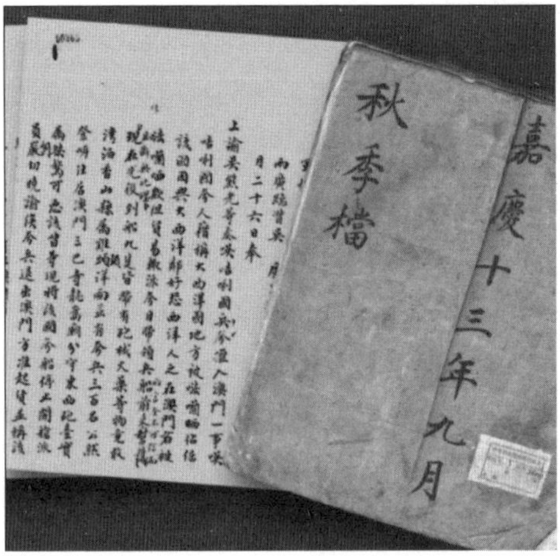

图 4-6　藏于中国第一历史档案馆内的嘉庆帝的谕旨

在这些档案中可见澳门的地名，如炮台，还有以中式庙宇名称“寺”“庙”等命名的教堂，如三巴寺，即大三巴（圣保禄）教堂；龙嵩庙，即圣奥斯定教堂等。在澳门历史上，这是非常普遍的现象，也是中西文化互融的体现，相信类似的档案非常丰富。然而从档案整理的角度出发，我们有必要进行专题标示，为学者做追踪性研究提供参考。

另外，光绪十五年（1889 年）汪康年辑之《澳门公牍录存》，其中澳门同知蔡国桢任内有关澳门交涉文件部分便提及十字门、横琴嘴、过路环、潭仔等海岛的防御问题：

“横琴、过路环各岛为大洋入粤门户，九星洲为省城门户，马溜洲为高、广、雷、琼四府门户，前山为香山顺德各邑门户，周围数百里群山罗列，众水环回，海有鱼蠔虾蟹之珍，山有果木农田之富，而澳门拔立其间，四方拱抱，诚为偏隅之巨镇，海上之雄区。从前租给葡人，限以半岛既设三巴门围墙，复设莲花茎关闸，再设拉塔石炮台……光绪十三年立约以后，复奉派设前山水陆船营，弁勇密布于关闸、湾仔……横琴、过路环各处，无非为中葡未经定界，不能不先守各岛之要区，以固海口之门户，不意葡人刊布地图，自以红线划分界址……横琴嘴过路环，九星洲各要隘皆指为葡人现管之地，彼岂徒张虚声以要喝乎寔欲占据内外十字门要道，扼我粤东门户，求其所大欲也，万一遂其侵占之谋目下，潭仔过路环各处葡人已筑炮台，足以内固堂宇后日加筑炮台于青石角，横琴九星洲各岛又足以外御四面进攻之途，粤东海防忽然生此扞格，海上有事，处处棘手，其害五也。拟请力争外洋海道，虽潭仔、过路环两处，葡人已设兵房，并未载入条约，且所占之市面不大，尽可作为通商口岸，不必以地方许葡人永居管理。至青石角、横琴两岛本归华属，更与葡人无涉。卑职愚见，若各岛陆地全归中国管辖，纵葡人欲占外洋海道，自然无所借口。盖彼无分管陆路之权，即无分管海道之权。如此办法，无事则捕盗缉私不形掣肘，有事则驻船转运，不受拘牵。此利之在于大局者也。”

事实上，在葡萄牙人占据氹仔（1851 年）及路环（1864 年）之前，已有西方文献提及路环、氹仔两岛。18 世纪的欧洲人对东方充满了兴趣，来华的各国使节、传教士等纷纷将他们在中国的所见所闻记录下来。在描述中国各地时，也留意到澳门地区及其氹仔、路环两岛。笔者在葡萄牙阿儒达图书馆（Biblioteca da Ajuda）得到馆方的大力协助，亦在古籍中有所查获。例如，1798 年由英国著名的旅游家乔治·士丹顿爵士［George Staunton（Sir）］撰写的关于他对中国古

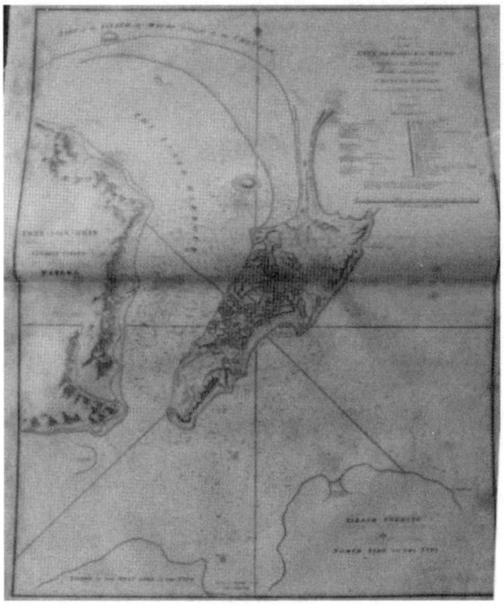

图 4－7 18 世纪的澳门半岛、氹仔（Typa）地图

（1798 年）

皇朝的见闻记录中，有大量的中国各省市地图，亦包括澳门及海岛的地形概貌。当时氹仔的外文译音仍为“Typa”。在图 4 -7 中可见氹仔的地理环境及其与澳门的关系。图的左上方，注明了“属于中国的澳门之部分岛屿”，图的最下方是氹仔（Typa）的地势结构，而下方凹陷处为氹仔港的其中一个门户。

该见闻记录中的另一图（图 4 -8）是当时广东省（Province of Quang - Tung）的旅游示意图，从图中清晰可见澳门、氹仔（Typa）、路环（没有文字的显示）的位置，十字门也非常明显。

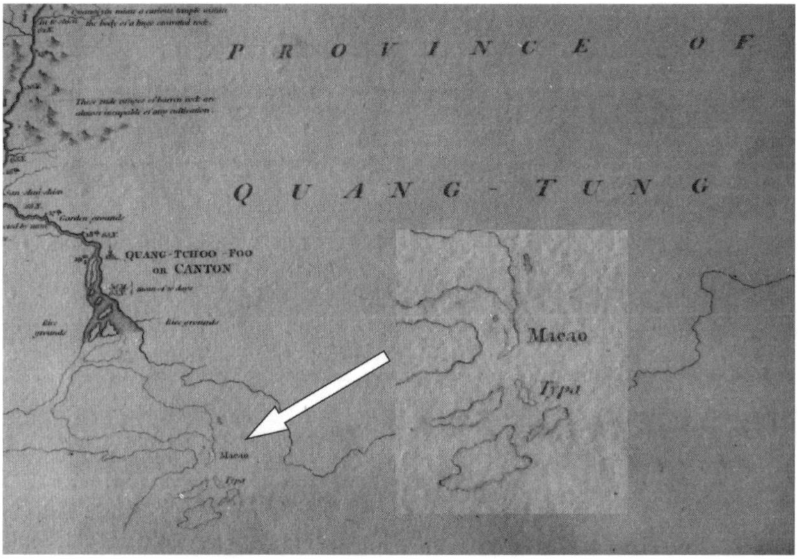

图 4 -8　18 世纪欧洲人眼中的澳门半岛、氹仔（Typa）、路环概况

（1798 年）

由此可见，氹仔和路环这两个小岛早已进入了欧洲人的视野，他们在游历中国，以及描述途中见闻的同时，亦留意到这两个小岛屿。事实上，历史上的氹仔、路环及十字门是南端捍御外患之粤东门户，因此，中国在明清以来一直强调十字门一带的防卫措施，对于其主权属性的肯定乃是毫无疑问的。

（2）街道史料整理。

街道的研究角度可从以下几方面来考虑：① 城市发展规划、街道命名是城市指南及民众生活的一部分；② 街道名称的由来与街道本身的背景及故事有着莫大的关联；③ 街道环境的改变，以及街道曾发生过的大小事件、出现过的人和物是历史的载体、人们的集体回忆，也是澳门的记忆。这几方面的有机联系赋予了街道无限的生命力，这也是城市的生命力所在。这些命题为历史学者提供了广阔的探索空间，而前提是必须依赖于文献史料的挖掘与整理。

澳门街道充满小城本土特色，亦具有东西方文化元素的街道名称，其中可探视澳门城市的变迁以及发展历程。而可供我们佐证的重要依据是文献，因而，街道历史文献的整理便显得更为重要。事实上，我们不难发现，档案中时常出现街道名称以及在街道发生的事件。例如，在道光十九年（1839 年）八月，在“钦差大臣两江总督林则徐等奏报巡阅澳门情形折”中，可见当时其在澳门街道活动的情况、对西洋夷楼查禁存贮烟土之事，涉及三巴寺、关前街、妈阁、南湾等一带：

“……臣等宣布恩威，申明禁令，谕以安分守法，不许囤贮禁物，不许徇庇奸夷，上负大皇帝抚绥怀柔至意。该夷点头领会。据向通事声称：‘夷人仰沐天朝豢养二百余年，长保子孙；共安乐利，中心感激，出于至诚，何敢自外生成，有干法纪。现在随同官宪驱逐卖烟奸夷，亦属分内当为之事’等语。以手拄额者三，敬谨退出。臣等当即赏以绢扇茶糖，并颁赏夷兵牛豕面腊数十事，番银四百圆，再辞乃受。臣等即入三巴门，经三巴寺、关前街、娘妈阁，至南湾，督率随员抽查夷楼民屋，均与造册相符。其赁给英夷房间，自各夷离澳后现俱关闭。复加访察，自春间查办以后，该西洋夷楼实无存贮烟土情事。随由南湾仍回前山，所有经过三巴、妈阁、南湾各炮台，俱发一十九炮。询之澳人，称系该国大礼，以示尊敬，不轻举行。兵总率领夷兵，送至关牐，始行撤退。臣等沿途察看，不但华民扶老携幼，夹道欢呼，即夷人亦皆垒背摩肩，奔趋恐后，恬熙景象，帱载同深……”

又例如，在《两广总督张之洞进呈澳门词讼案由田粮数目葡人租银人数清单》档案中，亦见街道的描述：

“……三巴门外石墙街铺户三十余家民居一百余家每年约缴公钞灯费共银一千余元；

潭仔铺户船厂六十余家民居蓬屋一百余家壮丁二三千人每年约缴绿衣街灯等费共银一千余元葡人勒收地租丁口租每人半元遇有红白事又勒缴租银该处讫未照缴；

过路环铺户船厂四十余家民居百余家每年约缴绿衣街灯等费共银一千余元未缴租钞；

潭仔过路环约有拖船八百余只每只寄泊一次收银二元二角半每年约银二千余元葡人于此二处派有陆路绿衣兵三十四名潭仔二十名过路环十四名又小轮渡两只；……"

在地方文献方面，有关澳门风土地理等方面的记载，多出现在相关地区县志中。例如《香山县志》《广东县志》《南海县志》《澳门公牍偶存》等，它们是研究澳门历史旧貌及地理风物的重要文献资料，当然，从中也可整理出澳门街道的资料。例如，在光绪十五年（1889 年）汪康年辑之《粤澳公牍录存》中，便出现街道的信息。在"摹绘澳葡水师兵头红线划界地图禀请照会诘责"部分，在陈情澳门面对的问题时，亦提及澳门的街道：

"……海道沙淤大船不能进泊，富商裹足，殷户潜移，而葡人之流寓澳门者又生齿日繁，实外强中干，岌岌可危不能自保之势，故先于同治初年毁三巴门围墙，越望厦龙田各村而至关闸，次而青洲而潭仔，再次而过路环，居然占七村，远夺三岛，编户籍收租税……"

可以肯定的是，大量的零散街道资料在不同类型的文献中出现而有待整理。包括族谱、政府公报、老照片、古文献等，例如之前提及的《曲江张氏族谱》（卷四）。

历史档案反映一个国家或地区的政治制度演变、社会文化的发展。自古以来，档案已成为史料的重要依据，不论是中国历史上以甲骨、简牍、金石、缣帛为载体，或是西方国家以泥板、纸草、蜡版做记录，乃至当今的纸本或网络形式的档案，皆成为学界公认的历史研究第一手资料，也是最重要的资料。故此在文献领域中具有重要的参考研究价值。

三、海外澳门文献搜集

研究澳门历史的学者汤开建先生认为，在历史研究中，澳门档案是一座穷数十年之力亦难以开采罄尽的宝山。他还指出，以澳门档案的数量而论，完全可以和著名的"敦煌学"中的敦煌经卷媲美。敦煌藏经洞发现的敦煌经卷共 60 万余件，散布在世界各地，其内容涵盖历史、地理、宗教、文学、语言、艺术、科技等各方面。而全世界有多少有关澳门的文献档案，相信至今仍未统计清楚。事实上，仅葡萄牙海外历史档案馆整理出来1630—1833年的葡萄牙文档案就有10万份，而1833—1974年所藏档案亦不少于前者。葡萄牙文档案，在葡萄牙还被国立东坡塔档案馆、里斯本国立图书馆、里斯本科学院图书馆、里斯本地理协会图书馆、葡萄牙外交部历史档案馆、葡萄牙阿儒达图书馆、埃武腊公共图书馆收藏，在澳门则被历史档案馆、民政总署图书馆、贾梅士博物院、仁慈堂、澳门主教府、各教区教堂及一部分葡萄牙文中学和老牌中学收藏。中文档案，在澳门何东图书馆、葡萄牙国立东坡塔档案馆、北京第一历史档案馆、台湾“中央研究院”近代史档案室均有收藏。至于荷兰海牙、英国伦敦、法国巴黎、美国、梵蒂冈、印度、泰国、日本、菲律宾、西班牙、意大利、越南、巴西等地都有各种文字档案被收藏，其内容亦涵盖历史、地理、宗教、文学、艺术、教育、经济、法律、科技等方面，其中绝大部分材料尚未被人利用，其可供研究的价值无法估量。

可以肯定地说，流传在外的有关澳门的外文文献还有开发的空间。例如，目前研究利用较多的是耶稣会档案，其他宗教会团也有数量可观的档案尚待开发。教廷机密档案、葡萄牙被西班牙统治60年期间的西班牙王室的决策档等资料，仍在尘封之中。上述史料不仅涉及澳门，而且对当时中国社会各个方面的情况均有报道，参考和实证价值颇高。如果澳门在目前已收集到的世界各地所藏文献的基础上，进一步开展文献资源普查及搜集，并以网络形式提供给中外各类学者，无疑是提升澳门及其学术知名度的一个良策。[①]

另外，由于澳门发展日渐受到国内外的关注，外地不少机构设置了一些与澳门研究相关的部门，不少图书馆建立了与澳门相关的文献资源库，通常以港澳台地区的名义而设。例如深圳图书馆就设有港澳台资料室。

澳门作为一座有400多年历史的文化名城，与外部世界有着广泛及多方面、多层次、多角度的联系，这使得有关澳门的档案遍及世界各地。现藏于世界各地有关澳门的历史档案，估计总数在150万~200万件之间。[②] 它们除了表4-2中所列的地区外，还遍及其他地区，如中国的广州、北京、南京地区。除此之外，亚洲的日本、东帝汶、菲律宾、越南、马来西亚和新加坡，欧洲的荷兰、英国，

---

① 金国平：《“澳门文献学”刍议》，《澳门日报》，2004年7月11日，第7版。

② 章文钦：《档案与澳门历史文化研究》，《文化杂志》1998年第34期。

北美洲的美国等地亦有相当可观的有关澳门的资料。研究澳门的史学家方豪先生曾有感而发："在葡萄牙，我看到了一千几百件关于澳门的原始文献，包括从清朝最强盛时代，到开始衰弱时代的各种性质的档案，牵涉的问题很广，如通商，外交，传教，禁烟，中英、中美、中俄、中日、中葡、中菲等关系。"①

与澳门有关的档案分布很广——只要曾与澳门在政治上、宗教上，又或经济方面有联系的国家，都可能藏有这类档案。从海外收集和整理的档案，都是源自与澳门关系密切的地区：

葡萄牙——国立东坡塔档案馆所藏的档案，是澳门历史和葡萄牙历史最重要的资料来源之一。另外，里斯本海外历史档案馆、葡萄牙国家图书馆、亚儒达图书馆、里斯本科学院图书馆、庞利马（Ponte de Lima）仁慈堂档案、葡萄牙利里亚（Leiria）区档案馆及公共图书馆等单位，亦藏有可观的有关澳门的手稿或档案。澳门从以上单位拍摄制作的微缩胶卷涵盖了16—20世纪的重要档案资料，为澳门历史文化研究留下了极其丰富的档案史料。

笔者在葡萄牙里斯本海外历史档案馆、葡萄牙国家图书馆、亚儒达图书馆中，查到不少与澳门相关的史料，如古图、古籍中的图片，19—20世纪的相册等，其中部分资料已有电子档，可在网上搜寻。然而，更多的澳门资料仍隐藏在各类的古籍当中。因此，深入挖掘将是未来的工作，且可挖掘和整理的空间非常大。例如，在不少研究东方的17—18世纪古籍的西方论著中，便查到与澳门有关的资料，尤其是一些澳门的地图，可见西方学者对东方充满好奇。

另外，葡萄牙海外历史档案馆，亦收藏了不少与澳门相关的档案（图4－9）。同时也整理出版了书目，在 *Macau e o Oriente no Arquivo Histórico Ultramarino*（1833—1911年）当中便可查到路氹相关的史料。如1847年的"在氹仔筑建一座炮台，以防御中国海盗攻击葡萄牙的商业活动"（Construção de casa－forte no porto da Taipa para protecção do comércio português dos ataques da pirataria Chinesa）；1851年的"结束在氹仔港口的食盐专卖和熟鸦片专卖"（Arrematação do exclusivo da exploração do sal no porto da Taipa e do exclusivo da venda e manipulação do ópio cozido nos limites de Macau）；1851年的"废除澳门、氹仔港口的船只停泊税"（Abolição do imposto de ancoragem nos portos de Macau e Taipa）等。

① 方豪：《方豪六十自定稿》，方豪发行，1969年影印本，第1766页。

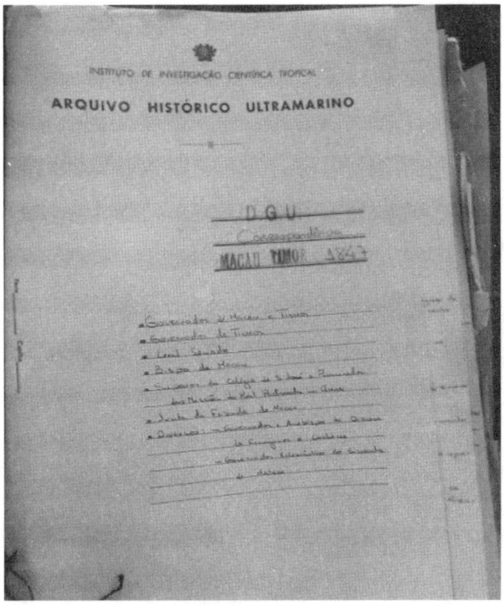

图 4－9　葡萄牙海外历史档案馆所藏的澳门档案

亚洲的其他国家和地区——印度的果阿历史档案馆，保留有许多反映澳门与果阿之间的政治、经济、宗教关系的档案。果阿在历史上长期是葡属印度殖民地、大总督和天主教总主教的驻扎地，有“小西洋”之称。其中 1664—1840 年有关澳门的档案已收录在澳门历史档案馆中。澳门在历史上与泰国曾经有长期的贸易关系，19 世纪曾在当地建立代表机构，故泰国国家档案馆中 1854—1942 年的档案亦在澳门的收录范围。另外，文莱博物馆中 1705 年有关澳门的档案已翻拍成微缩胶卷，成为澳门历史档案馆馆藏。

欧洲的其他国家和地区——西班牙与葡萄牙同属天主教国家，1580—1640 年曾兼并葡萄牙，两国间密切的政治、宗教关系，必然反映到澳门问题上。事实上，澳门亦收录了西班牙马德里国家历史档案馆 1544—1752 年的档案。另外，梵蒂冈为罗马教廷所在地，现藏于梵蒂冈机密档案馆中有关于澳门教务的 1804 年的史料已被澳门历史档案馆收录。法国与西班牙和葡萄牙两国同为天主教国家，法国巴黎国家图书馆的 16—18 世纪的澳门档案，亦是澳门收集的档案资料之一。

南美洲的巴西 —— 澳门与巴西保持着长期的贸易关系和颇为密切的政治关系。巴西在历史上曾为葡萄牙的殖民地，19 世纪初，由于欧洲拿破仑战争的威胁，葡萄牙国王的宫廷一度从里斯本迁到里约热内卢。因此，巴西里约热内卢国家图书馆所提供给澳门的档案资料涵盖了很长的时段，即1598—1756年。

四、澳门文献整理

1. 修护工程

档案是不可再生的原始文献，其保护工作对文化传承、历史研究皆具有重要作用。澳门保存大量珍贵古籍档案且具有普世价值，然而其中不少出现残破、虫蛀菌侵等现象，亟待抢救修复。笔者在进行资料搜集的过程中发现，目前仍有不少16—19世纪的教会文献正处于岌岌可危的境地，部分受虫蛀或破损。虽然教会正采取措施竭力防止继续损毁下去，大部分的书籍用防潮纸包裹和保护，但此问题必须得到社会及政府的重视，以现代化的技术将其补缀或转化为电子版。然而，目前档案保护和修复人才匮乏，且修复手段仍甚为落后。因此，加强档案的保护刻不容缓。参考中国台湾、马来西亚、新加坡等国家和地区的经验，澳门应尽快启动文献修护工程，设置专门场地及专责部门，引入先进的机器设备、技术、材料和专家等，对破损文献进行有计划及科学的修缮，如制浆、配纸、裱褙、托镶等一系列结合先进科技与人工操作的系统作业流程。并大力培训本地的人才和设置良好的古籍保存环境，请专家帮助修复及制订保护计划，进行有效和科学的环境设置，例如存储设备、气温监控，包括湿度、霉菌、酸度、照明，以确保其安全性，并逐步形成完善的保护制度，使澳门文化得以传承。

2. 贝叶经的保护

如上所述，澳门功德林贝叶经的保护亦应受到社会的充分关注和重视。这些作为寺庙出家人修佛之用的典籍，相信无论对佛教人士还是对研究文献的学者而言，皆为重要的文化遗产。而目前澳门这批2 000多片的贝叶经仍保存良好，故有效的保护显得尤为重要。参考国际社会对贝叶文献的保护，最基本的储存环境及温湿度等必须具备。

（1）储存环境。

贝叶文献的储存要避免潮湿、过于密封、过暖、透气性差的环境，并避免暴露于阳光下。同时，防虫措施也是必要的，但应避免储存柜及贝叶文献直接接触杀虫剂。

（2）温湿度。

温湿度方面，典藏空间最好能安装控制温度、湿度的空调设备，因为温度、湿度不当，易使物品变质，如发生硬化、龟裂、发霉、虫害等现象。因此，可仿图书、古物的维护方法为将温度控制在 18 ~ 22 ℃；相对湿度的上限及下限为 65% 及 40%，或取安全限度的中间值 55%，最多上下相差 4% 或 5%。以空调保持恒湿、恒温的环境，减少温湿度不当对资料的损害。

参考国外的管理方法，我们有必要扩大社会参与的层面，如图书馆、档案馆、大学、考古学家、艺术家等与宗教团体的共同合作，使这些珍贵典藏可以更好地传承。基于澳门所藏贝叶经的特殊价值，我们可研究将其申报列入 UNESCO 的《世界记忆名录》，使其价值得到更高层次的认可。

3．文献普查

《国务院办公厅关于进一步加强古籍保护工作的意见》规定，2007 年始在全国范围内开展古籍普查登记。澳门也应配合相关工作，对各公共、高校、科研及政府图书馆，乃至宗教图书馆及私人收藏的 1912 年以前的汉文古籍进行普查登记。下一步考虑对其他语种古籍，以及民国时期的文献进行普查，以全面揭示澳门现存古籍的现状，并加强保护、管理及利用，这有赖于社会的参与和合作。

曾有学者期望澳门能组织起强大的学者队伍，并结合世界各地的力量，发起全面搜集澳门历史档案的工程，以填补澳门历史研究上的许多空白。可以预见，未来澳门在收集外地档案方面仍将大有可为，政府与各方面加强合作更为必要，一方面将散落在各地的澳门档案以复印、扫描等方式进行搜集；另一方面充分利用现代化技术，与外地所藏的、已数字化的澳门相关档案目录连接，在网上共享资源。因此，我们有必要进行大规模的文献普查工作，与中国内地、葡萄牙等其他收藏中国澳门地区文献的国家和地区建立紧密联系，并联成网络，使有关澳门的文献数据库能更加全面地和世界连接起来。

4．文献加工整理

从以上的研究中可见，大量与澳门有关的素材分布于各类文献、档案当中，因此进行系统和科学的整理非常重要，也就是对一次文献进行整理而形成二次文献及三次文献。所谓二次文献，就是对无序和分散于各处的各种形式的各类文献进行整理、加工、编排。这种信息文体，目的是提供一次文献内容中有关澳门的各主题类目，或将其内容压缩成简介、提要或文摘，并按照一定的学科或专业加以有序化而形成特定的书目。其基本作用就是整理出密集的信息，便于研究人员从中快速地获取澳门相关题材的原始文献，提高检索效率，让使用者节省时间和精力，获得较多、较全面的原始澳门信息和第一手澳门研究素材，以提高科研工作及信息交流的效率。这样，渐渐产生出能比较全面、系统地反映澳门的某个领域、主题、专业或专题在一定时空范围内的文献线索，是积累、报道和检索文献资料的有效手段。而三次文献，也就是进行更深层次的澳门内容挖掘，即选用大量有关澳门某个专题的文献，然后进行综合、分析、研究，对其内容进行深度加工。具体而言，是对现有成果加以评论、综述并预测其发展趋势。三次文献成果令研究人员在最短的时间内了解所研究课题的成果、发展动态、水准等，以便能更准确地掌握课题的技术背景。所以，文献资源的挖掘，不仅仅在于文献，更在于对文献内容的揭示，并且要建立一个整合资料库平台，提供目录、内容简介，甚至全文资料，用作文献检索工具。而有关澳门文献信息库将在第六章探讨。

历史文献整理的发展过程向我们揭示：它是人们了解传统文化、考察民族成长和发展的重要材料，这些材料只有经过必要的整理，才能便于人们掌握和利用。[①] 毋庸置疑，目前各地研究澳门的学者不断增加，他们从不同的主题逐步展开研究，但如何以各主题为脉络进一步全面规划和整合资源，将是任重道远。

---

① 王余光：《中国历史文献学》，天肯文化出版有限公司，1995，第 14 页。

第五章　澳门文献信息数字化现状

近年来随着各地澳门研究学者的增加，对澳门历史文献的需求显得更为迫切。因此，除了加强挖掘、修护、整理的工作外，将其转化为数字化形式，使这些重要典籍得以长久地保存下来是极为重要的。当然，这有赖于全面统筹及各文献机构的参与，即利用现代化的先进技术保留澳门历史文献，并通过严格统一的组织，建立澳门文献资源库。

一、文献数字化处于起步阶段

目前，澳门文献机构在数字化方面，主要采用网络公司提供的数据库资源，而对澳门自身文献古籍的数字化工作，则在渐渐推动中。整体而言，该领域工作涉及档案、古籍、博士论文和硕士论文、老照片扫描等项目。然而，在全面的规划和合作方面，仍存在着各自为政、分散作业等问题。

1. 档案影像扫描

毋庸置疑，澳门藏有丰富的文献，含金量之高已备受国际学者关注，近年来提出对澳门档案进行深入研究的专家日益增加。然而，这些档案仍需要进一步梳理，才能够被有效利用和支援日益增加的研究工作。就目前的情况而言，澳门文化局所辖历史档案馆的档案管理较为完善，除了在全宗、系列、宗卷、文件等层级分类进行专业管理外，也正在开展数字化项目。一方面读者通过澳门历史档案馆的 ARQMAC 网上搜寻系统，可以检索档案馆所藏史料目录。另一方面，为了保护档案原件以及提高使用率，档案馆已开始对档案进行影像扫描。首批为馆藏最早的市政厅及仁慈堂的档案，读者可通过网上的影像数据库查看其全部档案影像（图 5－1）。而其他馆藏的档案也将陆续进行全文扫描，预计未来数年可完成那些已转化为微缩胶卷的档案。法令所保障年限之外的档案影像，将陆续全部公开并可在网上检索查阅。

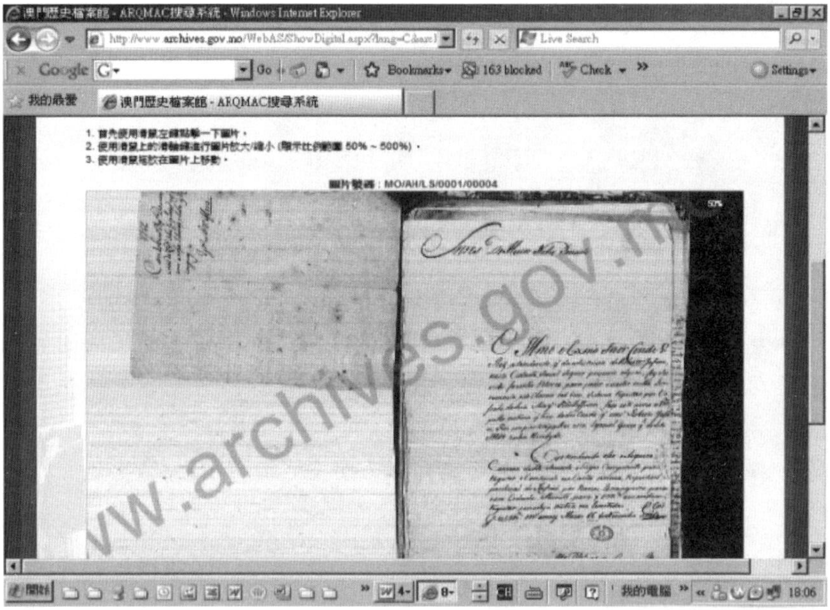

图 5－1　网上可公开查阅的档案影像——市政厅档案

（资料来源：澳门历史档案馆网页）

至于民间档案方面，尚未启动数字化项目。以近来引起社会日益关注的天主教档案为例，教会方面已基本上按照档案的性质进行了分类整理，正计划着手进行全面规范化的编目，其数字化的发展正在研拟中。可以说，澳门档案管理正面临一个关键的转折期，要使澳门档案数字化得以完善以及实现资源共享，前瞻性的规划尤为重要。

2. 古籍影像扫描

澳门古籍资源丰富，主要藏于公共图书馆、大学图书馆、教会图书馆、庙宇，以及私人之手等。澳门大学藏有线装书及西洋古籍 5 600 多种（12 000 册），大部分古籍由已故澳门名人何贤先生及香港大学陈君葆教授捐赠，弥足珍贵。主要内容包括历史、广东文献及方志、明朝古籍（如前所述其中已有 3 部明朝古籍被列入《国家珍贵古籍名录》）、1890—1920 年间欧美出版的文学作品，以及澳门早期出版品。澳门大学图书馆于数年前开始进行古籍影像扫描，目前已完成约 200 种文献，影像资料只供大学师生查阅，未作公开检索。由图 5－2 可见，已进行影像扫描的古籍有明代、清代，以及民国时期的刻本文献。例如，宋朝田况撰写的明万历商濬刻《稗海》本《儒林公议》（二卷），赵希璜撰写的清代刻本《四百三十二峰草堂诗钞》（二十二卷），宋朝吴文英撰写、彊村老人朱祖谋定本的民国刻本《梦窗词集》等。

图 5－2 澳门大学图书馆古籍影像系统

至于澳门“中央图书馆”馆藏的澳门地方文献，不少古籍已被制作成微缩胶卷，现正在筹划开展古籍数字化工作——这是社会所期盼的。一个地区本土历史文献信息的提供能力往往影响着本土研究乃至社会大众对本土文化的认知和认同，而事实上，澳门“中央图书馆”所收藏的 1950 年以前的澳门地方文献内容珍贵，反映了澳门清末至民国时期的社会情况。例如 1906 年出版的《澳门街道名册》(*Vias Publicas De Macau*)（图 5－3），记录了澳门半岛官方命名的街道与相关资料，可供我们研究街道的演变、区域划分的异同，以及街道名册编导体例的改进等；1922 年出版的《镜湖医院征信录》，此为澳门镜湖医院铅印本，记录了镜湖医院的各种事务，包括各项规条、会计数目、捐款记录等，还有卢廉若捐献的记录等资料；不少葡萄牙文的地方文献，包括以葡萄牙文翻译的《澳门记略图》、葡萄牙文版的《清末澳门名录》（图 5－4）等 。澳门地方文献反映了澳门的历史风貌，因而设立澳门文献馆专门收藏、征集澳门地方文献是必要的。

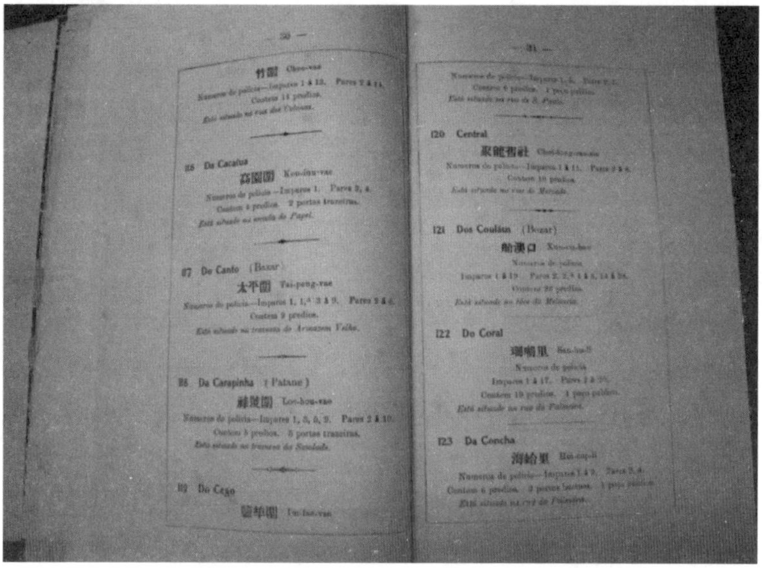

图 5－3　1906 年出版的《澳门街道名册》

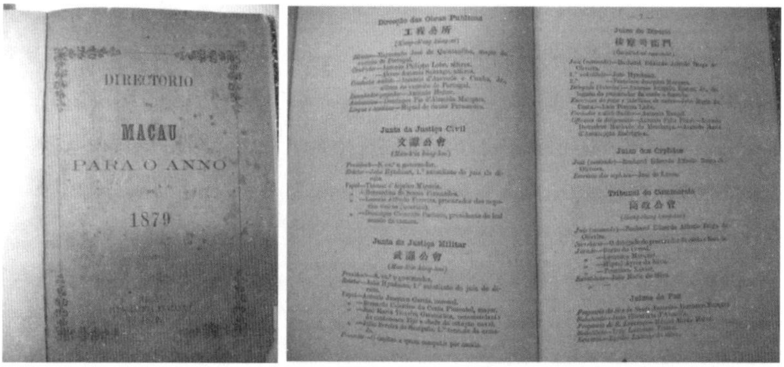

图 5－4　现存于澳门中央图书馆内 1879 年出版的《清末澳门名录》

3．海外澳门档案扫描

如前所述，由于历史的因素，与澳门相关的档案分散于世界许多地方，尤以葡萄牙为甚。因而，收集海外澳门档案将是一项需持续进行的工程。近年来，除了澳门历史档案馆外，澳门基金会在此方面亦发挥了很大的作用。澳门基金会积极与海外文献机构合作，将澳门档案进行影像扫描，极力保存澳门档案。例如，近年针对葡萄牙外交部所藏的葡萄牙驻广州总领事馆藏19世纪末至20世纪40年代末的档案进行电子化，总计档案资料共320个卷宗，约10万份档案。内容包含葡萄牙驻广州总领事馆日常工作的文件档案，档案涉及地域以中国广东、澳门地区为主，兼及中国香港、广西、福建及东南亚等地，反映了晚清至民国时期中西方政治、外交、经济、军事、社会民生等多个方面。档案资料除个别破损严重外，大部分均可辨识，其中以葡萄牙文、英文、中文为多，也有少量法文、日文资料，内容十分丰富，极具史料价值，已被列入国家清史工程子项目《档案丛刊》，为国家出版重点选题。

4. 澳门虚拟图书馆

澳门虚拟图书馆是澳门最早及目前较具规模的一个本地自建全文书刊网络库，由澳门基金会负责启动。作为澳门首个网上全文书刊数据库，它可提供千余种全文书刊供读者免费查阅及下载，内容主要以澳门研究为主，涉及文化、历史、社会、文艺等领域，备受各地读者关注，为澳门数字图书馆的发展奠定了良好的基础，同时也让人对澳门的信息服务有所期待。因此，其长效发展必须不断充实内容以增值，才能使澳门资料库具有生命力，从而真正发挥文献信息服务社会之职能。

5. 博硕士论文库

随着回归后澳门经济的急速发展，以及国际社会对高等教育的重视，澳门近年高等院校亦蓬勃发展，研究生人数不断上升，根据统计暨普查局近年的统计数据，笔者整理了澳门回归后逾10年的本地情况。从表5-1可见，2010—2011学年在澳门高校获博士学位的人数为125人，获硕士学位者有690人，相较于1999—2000学年的博士毕业生及硕士毕业生分别为2人及304人，明显有大幅攀升。由此可见，博士论文和硕士论文同样也在增加，论文中包含了丰富的学术研究素材，亦反映了本地的学术研究成果。然而，本地的学位论文库尚未系统地建立起来，仅限于部分院校按各自形式自建数据。澳门大学图书馆自1995年起建立本校论文库，向用户提供论文目录及索引，并于2011年开始全面收集博士论文和硕士论文电子档，且部分已可公开全文检索；澳门科技大学及澳门旅游学院图书馆亦陆续收集论文电子档，供校内查阅。

表 5-1 1999—2011 年澳门高校博士毕业和硕士毕业生人数统计

学年	博士毕业生	硕士毕业生
1999—2000	2	304
2000—2001	1	264
2001—2002	2	229
2002—2003	0	235
2003—2004	2	386
2004—2005	10	433
2005—2006	23	424
2006—2007	16	436
2007—2008	62	536
2008—2009	58	531
2009—2010	64	468
2010—2011	125	690
合计	365	4 936

资料来源：统计暨普查局。

本地学位论文库是推动学术的重大项目，它反映了当地社会对学术领域的重视程度，也标志着当地信息服务的水平。纵观内地及台湾地区，已纷纷建立了本地博硕士论文库，同时涵盖两大范围：一是在本地高校毕业的论文；二是在外地高校毕业以研究本地为题的论文。例如台湾图书馆的“台湾博硕士论文系统”、中国高等教育图书馆（CALIS）筹建的“大学学位论文数据库”，还有网络公司与大学合作开发的论文库，如中国知网、万方等。毋庸置疑，在资讯科技一日千里的今天，网络高速检索已成为研学的重要工具，建立澳门学位论文库乃社会发展所需，其既可整合学术资源为后学者作参考之用，也可宣传本地高等教育学术研究成果。

6. 教会老照片数字化

如前所述，数百年来，天主教传教士在澳门兴建教堂和创办学院，并同时学习中国文化，令中西文化在此碰撞，而修院亦见证着澳门天主教的发展以及文化交流。修院中所藏的文献弥足珍贵，并于 2010 年被列入 UNESCO 亚太地区《世界记忆名录》。而其中一批老照片极具价值，是 19 世纪末至 20 世纪初澳门的宗教活动，修院院士和神职人员平时的生活、学习及从事社会服务工作和救济活动的写照，反映了近现代澳门天主教活动的轨迹，也反映了澳门某段历史时期的状况，是澳门居民的共同回忆。澳门文献信息学会在成功推动教区文献被列入《世界记忆名录》之后，便开展照片扫描工作。经初步整理，约有 3 000 张老照片，部分被选出来的照片用于出版《圣若瑟修院老照片》明信片。从老照片中可见澳门及其邻近地区在 19 世纪末至 20 世纪初的景物风情，某些情景已被遗忘或不复存在。故有关照片考虑收录于网上，供社会大众查阅，对社会各界或研究者了解当时的宗教生活和宗教文化具有非常重要的意义。

二、澳门文献信息服务面对的问题

纵观澳门情况，文献信息服务电子化正在以不同的方式及不同的程度展开，但整体上仍缺乏系统的规划。同时，档案及古籍的数码化工作仅限于影像扫描，因而未能进行文字检索，对信息服务的展开形成一定的障碍。而事实上，在整体规划上，澳门的确存在着一些问题，例如没有统筹规划的机构、缺乏有效的管理机制，而在技术上亦出现系统不一等问题。

1. 行政方面

澳门的图书馆及文献机构基本上处于分散作业和各自为政的局面。以公共图书馆为例，分别由文化局、民政总署、教育暨青年局三大系统分管各自的图书馆。由于历史原因及现实的体制问题，彼此在文献资源建设、读者服务方面均形成各自发展的模式。这无疑在一定程度上影响了文献的共建共享，造成了资源的浪费，也不便于读者查阅。除此之外，其他各系统的图书馆之间也没有建立真正意义上的共建共享机制，可以肯定在采购及编目等技术工作上出现了重复浪费人力资源的现象。对读者而言，需要同时遵守不同管理体系的规章制度，以及适应图书馆的藏书体系等，十分不便，亦是相当落后的。从一个地区来看，这样对文献建设和共用均构成一定的障碍，这种障碍也影响了澳门文献信息服务的开展。究其原因，澳门欠缺具有行政效力的机制来统筹协调各文献机构，也没有一个领军牵头的部门来做主导开发一些具有前瞻性及可行性的方案或工程项目。

2. 技术方面

在技术方面，由于受行政的制约，目前澳门仍没有组织新书联合编目机制，难免浪费了编目的人力资源。澳门虽小，但各类型的图书馆林林总总、编目规则各式各样、机读格式也不一致，对联机整合资源构成一定的障碍，因而影响文献信息的有效传播，也说明澳门图书馆在资源共享方面的手段仍然落后。此外，由于没有一个整合的网络平台检索澳门各类型图书馆的目录，这在文献共知方面也成为一个问题。由于部分图书馆目录资料仍未放上网，各馆利用不同的自动化系统、检索界面繁复亦令图书馆资源整合查阅难以实现。

澳门面积不大，馆际间却未能在技术上开展深入的合作，这在很大程度上源于馆际间欠缺合作的动力及条件。其原因之一是观念问题，没有意识到合作能提升整个地区的服务，只着眼于各自的图书馆利益；原因之二是当各馆资源和条件差距较大时，合作便形成差距，而资源不足的小馆即使有合作的意愿却没有合作的条件，因此长期以来形成了各自发展的局面。

3. 社会意识方面

文献信息服务本来不是新的题目，它在社会各领域都确实具有存在的必要性。然而，提升社会对此领域的理解和参与意识是必要的，因此，研究文献信息服务不应该闭门造车。而文献事业研究往往从狭义的角度出发，从业内自身发展出发，未能与社会各领域同步结合研究，无形中令社会对这个行业产生误解，认为文献图书馆界独立于社会系统，因而相应地阻碍该事业的发展。在刚刚过去的澳门立法会选举中，候选人在其政纲中未见提及对本地文献信息服务业的关注，由此可知该领域在社会中的地位。因此，业界必须打破这种局面，应该走出社会，跨越学科，吸纳更多相关领域的人士参与其中。任何一个领域的研究都不能独立地进行，文献信息服务必须与社会发展紧密结合，让更多不同层次的人士参与其中，才能真正配合社会的整体发展需要，才能受到社会重视。而一旦与社会要求连接上，其发展必定得到支持，从而获得更广阔的发展空间。

三、邻近地区经验借鉴

如上所述，澳门档案数字化仍处于起步阶段，所以澳门应借鉴其他地区的先进经验，少走不必要的弯路，以更高的起点来管理档案文献。

1. 香港高校内联与外联

在文献资源整合建设与共享的议题上，我们不能不承认，有效的管理机制是项目推进的重要因素。事实上，各地的经验可印证协调机制的重要性。邻近的香港地区，以大学教育资助委员会（University Grants Committee，简称 UGC）作为政府支持高校图书馆发展运作的有效中介机构；除此之外，由 8 所高校图书馆自发组织的香港特别行政区大学图书馆长联席会（Joint University Librarians Advisory Committee，简称 JULAC）会定期召开会议，制订合作计划以及评估改进的措施。中国内地和国外成功的资源共享项目，无一不是设立了有效的协调管理机制。

除此之外，香港也积极参与内地的大型文献信息工程，将国家“211 工程”公共服务体系建设中的重要项目“大学数字图书馆国际合作计划”（China Academic Digital Associative Library，简称 CADAL）与“中国高等教育文献保障系统”（China Academic Library & Information System，简称 CALIS）结合在一起，共同构建中国高等教育数字化图书馆的框架。项目一期建设 100 万册（件）数字资源，二期则建设 150 万册（件）数字资源。三期已于 2012 年启动，明确计划将文献资源数字化工作推广到港澳地区。香港明显反应迅速，香港城市大学图书馆牵头参与该计划，进行了资源数字化的可行性研究调查，并获 CADAL 国家中心的支持，在该馆常设一个管理中心来运作相关的事宜。澳门暂未有图书馆或文献机构牵头启动此计划。香港 CADAL 项目的启动，重点在于推行 100 万页文献电子化计划，首批参与的图书馆来自香港城市大学、岭南大学，以及珠海学院。而文献主要范畴涵盖五大方面：① 1910 年以前的古籍；② 民国时期的图书；③ 民国时期的期刊；④ 1950—1970 年香港出版的中文书籍；⑤ 1923 年以前出版的英文书籍。CADAL 国家中心对香港 CADAL 项目提供文献电子化的支持，如在香港设置大型的电子扫描仪，亦可将有关书刊送到深圳进行电子化转换。除 CADAL 项目外，香港城市大学图书馆已于近年启动文献“数字化先道计划”，目前已完成了 30 万页数字资源，其中包括有手稿、书信、海报、照片、地契等。

其他图书馆亦开展了不同形式的文献数字化项目，香港中央图书馆早年启动的“多媒体资讯系统”涵盖了报纸、地图、海报、照片、图书等，内容非常丰富。

2. 台湾地区管理电子档案

台湾地区在文献档案数字化方面的经验值得澳门借鉴。从档案管理的角度看，参与档案数字化的单位众多，如台北故宫博物院、台湾“国史馆”、台湾“中研院”历史语言研究所、台湾“中研院”近代史研究所、台湾“中研院”台湾史研究所、台湾大学、真理大学等，形成了许多可合作的空间和条件。以台湾“中研院”台湾史研究所为例，其数字化作业系统也已非常完善。明朝、清朝、民国时期档案数字化的作业已经开展，除了将档案影像清晰地扫描到网上外，还根据档案的原文附上文字资料，图文并茂，读者可清楚地参考阅读。同时，该服务更延伸至外地读者，令档案最大限度地得到利用。很明显，台湾图书馆及档案机构在文献数字化方面远比澳门先进。台湾图书馆早在 2002 年就启动了“台湾记忆工程”，将文献图片等进行数字化整理，另外，其在博硕士论文系统、网站典藏计划等项目的建设和发展方面已累积了丰富的经验。

台湾地区档案数字化和资源共享的发展令人瞩目，有关当局大力征集政治事务、财经事务、教育文化、社会发展、地方事务等各大类具永久保存价值的档案，逐年分批进行数字化，完整公告在其档案资讯网上，便于民众在网上查询。更为不同系统的档案元数据（Matada）建档标准、名称权威档与联合目录，各方面的建置提供了明确的规范。而更具前瞻性的是，台湾已关注目前大行其道的电子档案管理。由于各机关使用与保存电子档案的格式及储存媒体种类繁多，台湾有关当局已为此制定了档案管理资讯系统验证制度，并已着手研究电子档案长期保存的问题和制定相关政策，以及办理电子档案的转置模拟作业。很明显，台湾地区对文献信息的管理与时俱进，其经验很值得澳门参考。

澳门文献信息资源数字化的步伐起步虽然较其他地区慢，但可从其他地区中吸取经验，从而以更高的起点来开展项目。数字化计划是长远项目，应按部就班进行，根据实际情况订立文献数字化的顺序。例如，符合澳门的版权法及一些没有版权问题而又具有历史价值的澳门历史文献可优先处理；出版年份界定在 1950 年以前的纸本图书、地图、档案、海报，以及幻灯片、影视、碑铭文物等，亦可优先处理。对文献资源电子化处理的先后次序可以作出如下规划：① 澳门地方文献，或存于其他地区与澳门相关的历史文献；② 澳门出版的古籍，如教科书、学习语言的课本等；③ 其他能反映澳门社会发展特点的文献，即在经济、政治、文化等领域能相互印证的文献资源。许多以往禁止读者接近的特藏古籍，数字化后将变得大众化，人人可用。读者在进行研究的同时，无须接触原件，因而避免了对古籍的损耗。现在虽有不少档案以微缩胶卷形式存储，但检索时仍存在一定的困难。因此，数字化处理有价值的澳门特色文献资源是传承澳门文化特色的重要工作。

综上所述，为更好地利用及保护文献，澳门应制定具凝聚力、理念，及可操作性的管理和保存记录信息的数字化战略，对具历史价值的古籍档案进行数字化全文扫描处理，使其得以长久保存及科学检索。同时，利用网络技术整合各文献信息资源的数据，将澳门文献机构的书目、全文书刊、澳门期刊索引、论文索引、国内外专题文章、各图书馆自建的特色资料库、各馆开发的网络资源等数据资料进行整合，为用户提供一站式的搜索服务，使澳门文献资源发挥更大的效益。

第六章　澳门文献信息服务网络系统

从广义和宏观的角度来看，当今的澳门文献信息服务一方面必须依赖高效和科学化的管理，以及具有行政效力的机制来统筹和规划；另一方面亦离不开先进的资讯科技和网络设施，以及运用当今各种流行的应用软件，以配合各个子项目的有效运作，并形成一套完善的自动化系统。如前所述，澳门目前的文献信息资源处于分散的状态，数字化工作仍处于起步阶段，因此，对于用户来说，查找文献信息往往花费很多时间亦无从入手，这方面明显落后于邻近的港台地区。此结果对于拥有丰富文献资源的澳门来说，实属遗憾。

针对这种分散的状态，笔者曾给澳门文献信息资源网络库提出了建议，网络库的功能在于将澳门各领域的信息资源，以及各种资料库集中在一个平台，这样就能为用户提供最快、最全面的信息服务。[①] 从基础建设而言，澳门的确欠缺一个文献总库，在此，笔者在原来的构思基础上再作进一步探讨。

一、网络总库的特色

网络总库的构思是通过整合分散于各处的澳门文献信息资源，以实现全澳门社会知识资源共享。明确而言，是通过整合澳门图书馆、文献信息机构，以及其他地区收藏的澳门文献、各个网络数据库，建立一个澳门文献信息资源网络总库，内容包括澳门信息资源、网络资源、国际组织资源等。澳门文献信息资源网络总库将涵盖各学科领域及各种形式的文献资讯，如期刊、论文、报纸、图书等公共知识信息资源，这样就能令用户在一个组织有序的网络平台上快速地检索所需资讯。因此，它强调了澳门文献信息资源的整体性。

网络总库主要涵盖两大特色：一是为各种不同类型的图书馆建立系统的联

---

① 杨开荆、赵新力：《澳门图书馆的系统研究》，广东人民出版社，2007，第206－213页。

网，即提供所有澳门收藏的文献信息目录，不论任何主题、形式及藏地；二是通过网络总库建立以澳门为核心主题的“澳门主题库”，并设立各个专题子项目。基于此，澳门文献信息资源网络总库将采用集中与分散相结合的模式（图6－1）。

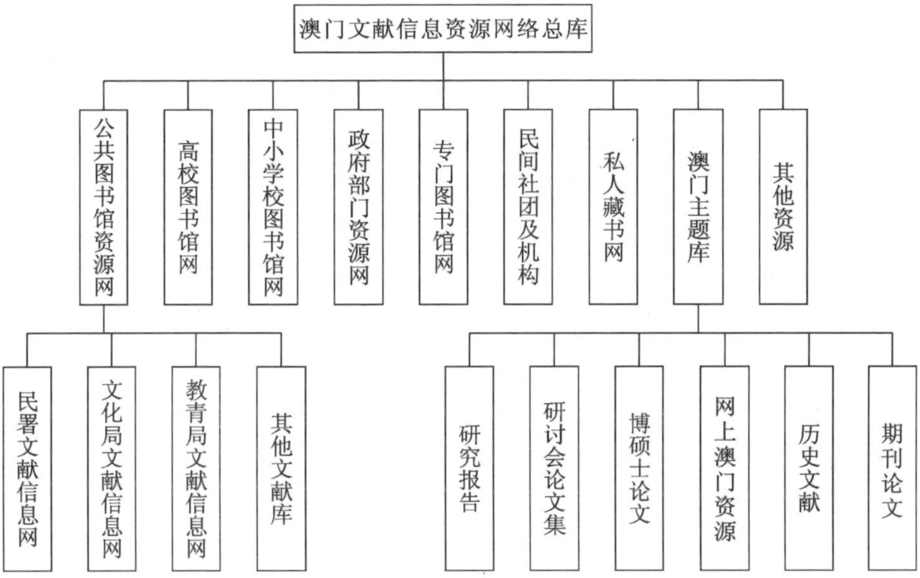

图6－1　澳门文献信息资源网络总库结构

1. 澳门文献目录

澳门文献信息资源网络总库将涵盖公共图书馆资源网、高校图书馆网、中小学校图书馆网、政府部门资源网、专门图书馆网、民间社团及机构、私人藏书网、澳门主题库、其他资源等子系统网，而各个子系统网将整合该系统内的文献信息。例如，公共图书馆资源网作为一个子系统，其网络联系民署文献信息网、文化局文献信息网、教育暨青年局文献信息网、其他文献库等。而其他如中小学校图书馆网、高校图书馆网等各自为其所属类型图书馆的中心点，亦是澳门文献信息资源网络总库的分点，层层展开。如读者需要扩大范围地查找资料，亦可选择在澳门文献信息资源网络总库中查寻资料。

2. 澳门主题库

澳门文献信息资源网络总库将从上述的馆藏中抽取与澳门相关的内容，并扩大范围至网络上的澳门资源，加以整理而建立主题库。如图 6－1 所见，澳门主题库具体涵盖几个方面：一是研究报告。有关澳门的各类型研究报告日渐增加，且与澳门社会息息相关，其中包括一些由政府委托及资助，或由学术机构、专业社团进行的研究、调查等。二是以澳门为题材的研讨会论文集。每年有关澳门的大大小小各类型研讨会（不论是在澳门还是在外地进行）不计其数，并会产生大量的研讨会论文集，其中大都以澳门为主题，具有参考价值。但只有少数论文集可在网上公开检索，而大部分都只有纸本形式，因此可通过系统地征集，逐渐丰富该板块的内容。三是博士论文及硕士论文。如笔者在第五章所述，澳门博士论文及硕士论文与日俱增，故有必要整合高等教育学术研究成果，为教学研究作参考。四是网上澳门资源。目前，网络上有关澳门研究的文献资源来自世界各地，因此，通过建立链接或全文下载的方式将其收录到澳门文献信息资源网络总库中。五是历史文献。如本书第四章所谈及，古今中外澳门历史文献汗牛充栋，见证着澳门历史的发展。因此，我们可对那些不具版权争议的澳门文献进行电子化，以图像及文字方式呈现，便于全文公开检索。此项目将来可扩展至与外地的文献机构合作，以扩充资源。六是期刊论文。澳门的期刊中收录大量的澳门研究论文素材，目前，通过由香港大学及澳门大学两家图书馆合办的“港澳期刊网”可查阅由 1980 年至今港澳两地关于人文科学及社会科学的期刊论文索引，其中部分可检索全文。除此之外，还有当代出版的澳门文献，本地及外地一些数据库公司开发的澳门资料库等，通过将其科学化的组织、分类，可大大丰富信息量及网络库的资源。

概言之，澳门文献信息资源网络总库的功能是会合澳门各领域的信息资源及各种资料库，并将其集中存储在互联网的某一点；为便于管理，也将其同时分散存储在若干分点，使零散的资源在该系统内成为图书馆网络节点，而澳门文献信息资源网络总库将汇集的信息资源不断更新和对外发布。与此同时，该模式将同时配合“整合检索平台”的开发应用，以实现分布存储在任何图书馆中的信息资源，用户都可在任何地方登录该平台进行一站式的任意跨库检索得到。

3. 澳门文献信息资源网络总库的管理

按照上述澳门文献信息资源网络总库构建的思路，信息资源需要一个有序、渐进的整合过程。从图 6－1 可见，它包括了多个子系统网络，如公共图书馆资源网、政府部门资源网、私人藏书网、民间社团及机构等。因此，澳门文献信息资源网络总库将广泛涉及澳门乃至澳门以外地区的传统出版物与非传统出版物、音像电子出版物资源的数字化建设与网络出版，全球互联网资源的专业化整合，多媒体教育教学资源库的研制，信息资源共享技术以及网络会议、网络教学等资源互动式应用系统的开发等有关产业、技术、经济、法律诸多领域，它的长期建设需要庞大的社会化生产和服务产业网支持。

从技术上而言，网络联系往往基于有机的、科学的组织管理，因此，通过建立协调和达成网络联系，可形成一个功能强大、与社会发展同步、具有开拓性的澳门信息体系。该协调机制负责进行资料整合和技术管理的工作，并且应以政府组织管理为主导，结合企业机构的技术操作支撑来运作。该信息库将拥有独立的知识产权和独立服务的价值，部分涉及版权的全文资料可以根据版权拥有者的要求采取收费方式来提供服务。服务网络平台可以提供资料库的包库服务、计数收费等多种面向机构和个人的服务模式。

4. 澳门文献信息资源网络总库技术及功能

为了便于理解澳门文献信息资源网络总库的功能，我们模拟了该网络总库，即通过采集来自澳门各图书馆，以及政府、网络、葡萄牙等的文献机构资料库馆藏的约 5 000 份文献记录，设计了一个模拟网站（图 6 - 2）。[①] 从模拟网站可见，该网站涵盖了澳门的讯息资源，并设有各个子系统及子系统属下的各个图书馆。系统具有搜寻功能，模拟网站中设立 7 项检索栏位，用户根据各种方式可找到对应的记录，如题名、著者、任意字、主题等。

与此同时，系统具有统计和计算功能，是检索功能后的执行作业。用户可任意跨库选取各资源网群组，如“公共图书馆资源网”“学术图书馆资源网”等。在此可进行简单示范。从图 6 - 3 可见，如读者想知道澳门所有文献机构中藏有多少关于澳门历史的资料，可输入关键字“历史”进行检索，通过搜索，结果显示各资源网中与“历史”相符合的记录数量，右下角显示有 182 笔（此数据库中仅存少量记录，为模拟版），其来源包括公共图书馆资源网、学术图书馆资源网、专门图书馆资源网等。而同一本书可能出现在不同的图书馆，因其目的是展示所有目录。系统功能亦对搜索结果进行排序，在用户选择排序表列后，可用任

① 笔者获澳门科技发展基金资助，研究设计“澳门文献信息资源网络总库检索平台”模拟网站，2006 年。

一种方式排序，如中文题名、外文题名、著者、图书馆（来源地）等，以便阅读。另外，读者可通过任何一个分点进入总检索平台，进行一站式的任意跨库检索。

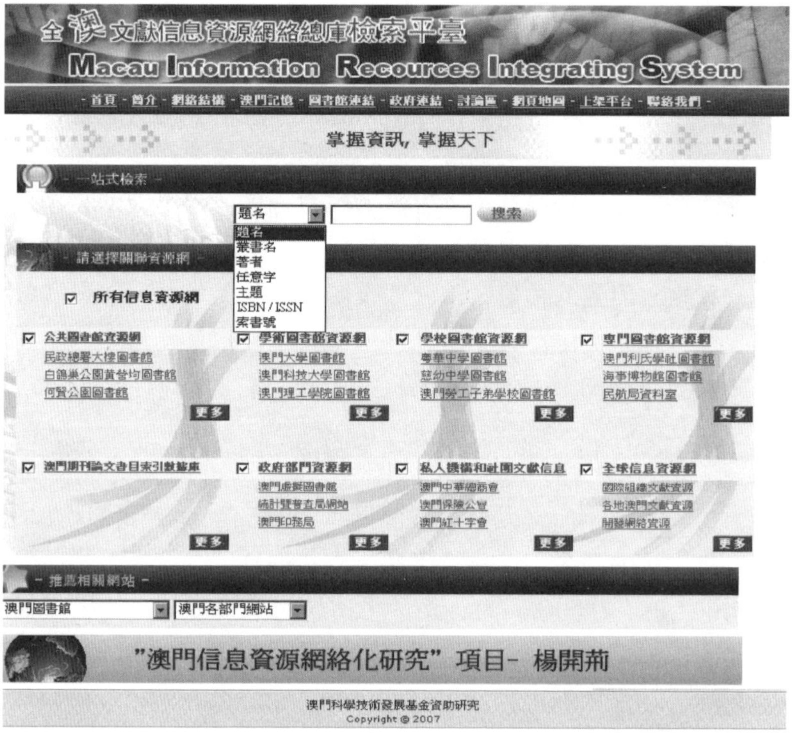

图 6-2 “澳门文献信息资源网络总库检索平台”模拟网站主页

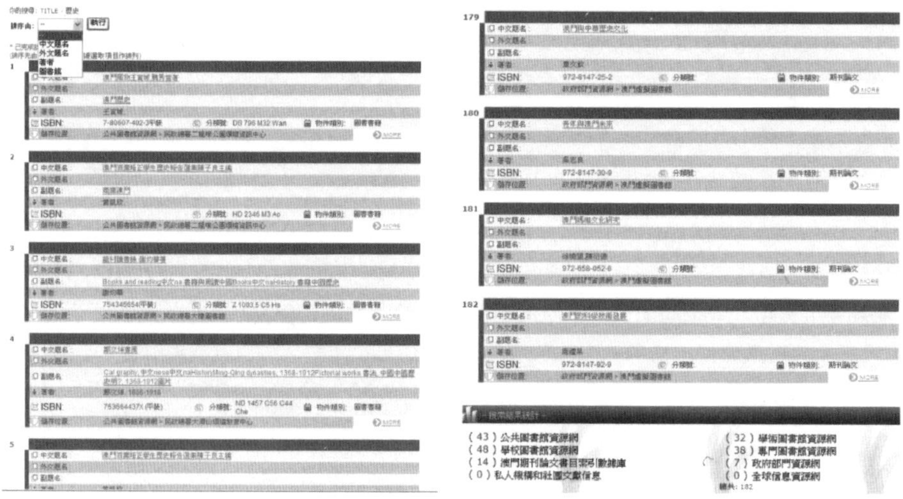

图 6-3 关键字“历史”的检索结果

二、信息资源与集成系统建设

庞大数据库的建设，涉及多方面的因素及程序，包括制定程式标准、程式架构与功能模式的设定、应用程式界面的设计、网络通信协定的规范、资料库结构的组织、开发工具的选择、档案格式的设定、元数据标准的制定，以及规范界面与风格设计等。在当前各图书馆系统处于分散运作的环境下，澳门文献信息资源网络总库作为一个联合目录，是预先在自身的服务器上建立好索引档，然后将各图书馆相关书目资料收集好而形成的。当用户查找资料时，实际上是查找已建好的索引档。此外，可建立虚拟的目录形式，用户通过检索界面将查询的资料送到各分散的数据库，系统将查获结果汇总后显示在用户所见的屏幕上。例如 Z39. 50 协定所建立的查询界面。

而将来澳门的发展可以是实体联合目录和虚拟目录结合并用。由于资讯环境的繁杂，用户需要解决检索网络资源格式多样、分散储存、界面不一的问题。因此，在澳门建立澳门文献信息资源跨库检索的技术上，应发展相应的工具和采取适当的措施。例如建议各文献信息参与检索协定；通过数据诠释，将不同格式的数据转化成澳门文献信息资源网络总库的阅读格式；利用 Web Service 的网络接口将愿意开放的图书馆及文献信息机构的数据库进行传递。

1. 检索服务协定与规范

（1）Z39. 50。

Z39. 50 为美国国家标准，由美国国家信息标准组织（National Information Standards Organization，简称 NISO）所制定，最早是为了满足查询与检索 US-MARC 格式书目记录的需求。Z39. 50 协定是定义电脑与电脑间资讯查询与检索（Search and Retrieve，SR）的协定，可满足资讯服务业界的要求。

目前，许多图书馆自动化系统陆续支援 Z39. 50 协定（同时亦提供 Z39. 50 Server功能），其最大的优点是使用者可以使用自己惯用的 Z39. 50 Client 软件与现有自动化系统相同的操作习惯进行检索界面，即可检索不同的书目资料库，不必管资料库在哪一个平台，不必管对方使用什么资料库，也不必学习个别资料库的查询语法，就可以同时检索多个不同类型的资料库，并且以相同的资料格式画面显示检索结果。

Z39.50 采用主从架构（Client/Server）定义服务器端（Z39.50 Server）与客户端（Z39.50 Client）两者间资料的传输方式，服务器端负责执行查询动作、送回检索结果等核心动作，客户端负责客户界面的设置、查询条件的编辑、查询格式的转换，以及查询结果的版面安排等。

由于服务器端的开放会增加系统资源的负载，通常各单位的书目资料库会考量自身资源的负载力、与他馆间的合作性，来决定是否完全开放或对单一馆别开放。香港高校图书馆早已采用Z39.50进行联机检索（图6－4），极大地方便了高校读者了解其他图书馆馆藏信息。

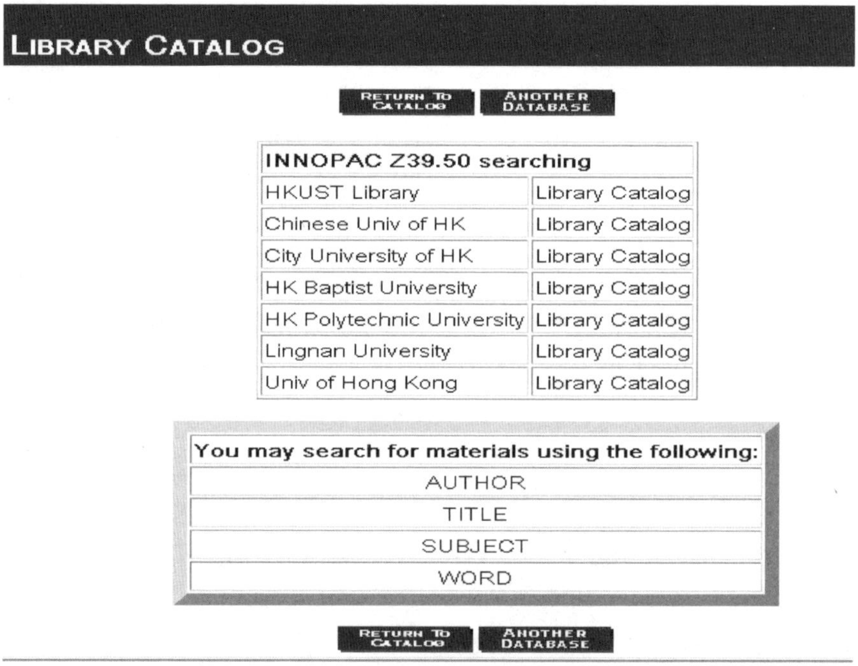

图6－4　香港高校图书馆采用Z39.50联机检索系统

（2）其他数位图书馆协定。

除了Z39.50以外，架构在Web环境上的数位图书馆的相关研究与发展日新月异，因此针对Web环境所发展出来的分散式查询协定也越来越多。较为常用的关于数位图书馆的协定有诠释资料搜寻开放档案计划协定（Open Archives Initiative Protocol for Metadata Harvesting，简称 OAI）、简单对象访问协定（Simple Object Access Protocol，简称 SOAP），以及 openURL 等。这 3 种协定都是架构在 HTTP 及 XML 的技术标准上的，例如，SOAP 的设计就注重如何利用标准化的动作来解决跨平台的程式沟通问题。

制定协定的目的是提供具备应用程式独立、可互相运作、能够提供和提升 Web 上多种从事文件内容出版发行的社群应用的框架。其主要目标为简化文件内容便于有效的传播、提升电子化文件的存取效率、扩展存取数字化资料种类的范围。

在各种协定的基础上，须遵守的相关规范有数据库的格式、档案名称等。资料提供者能够通过以 HTTP 为基础的协定发布其元数据，从储存器获取含有元数据资料的机制。另外，还须遵守协定规范的传输文件的内容形式、标签、编码、字码（例如 Unicode 的 UTF－8 字码）等。

2. 开发 Web 服务接口

目前各地图书馆或信息管理部门已开发并利用有关工具，对各种异构的资源进行整合，以实现对这些资源的统一检索，例如清华同方、中国高等教育文献保障系统（简称 CALIS）等。由于各种资源具有各异的元数据结构，采用简单的元数据映射会损害资源的个性特征。因此，在整合元数据方面，Web 服务接口以统一检索元数据的整合方式，引入了元数据框架，通过元数据框架可以较好地兼顾资源在元数据结构方面的个性和共性。

对异构资源的整合必然要牺牲一些资源的个性特征，Web 服务在统一检索及资源整合方面定义了资源系统 Web 服务界面规范。被整合的各类资源系统都需要按照该规范进行界面封装，以便对外提供统一的 Web 服务。统一检索引擎也应正确访问这些 Web 服务界面，以实现对这些资源系统的统一检索。

3. 诠释资料

诠释资料是描述其他资料的资料（data about data）。它是一个资料库，记录相关数据的基本资料。例如，图书馆的“图书资料库系统”便是一种诠释资料库，它记录了图书馆内所有图书的书名、作者、出版者等相关资料。每一本书的目录也是一种诠释资料，它描述了各章节（资料）的标题。诠释资料库通常搭配“检索系统”，使人轻易就能找到所需的资料。诠释资料库涉及许多专业领域的知识，目前多只能以人工方式摘录。软件工程的系统分析结果，会产生“资料典”（data dictionary），它可以说是在系统分析阶段的诠释资料。此时，诠释资料库里的资料可能是不存在的。目前有 20 种以上属国际标准或逐渐形成标准的元数据格式存在于各学科领域中。

4. 搜寻网络资源工具

Internet 在短短 10 余年内快速成长，现在几乎是人们获取资讯的主要来源之一。也因为 Internet 的推出，信息无远弗届，没有地域、时间的限制。其对学术界的影响更为明显，以往需通过层层关卡才可取得的资料，现在只要手指一点就可得到。虽然如此，在信息资源不断膨胀的今天，Internet 是快速获取资讯的地方，同时也是最浪费时间的地方，因为常常会发现要找到需要的资料竟然是那么困难。此外，许多学术单位，大都订阅一些电子期刊或是提供研究人员文献传递的服务，要如何快速而且准确地将这些服务提供给单位的用户是目前所有资讯中心最重视的课题。假设用户想要在一般的查询界面就能找到某期刊，而此期刊图书馆有订购电子版，那么一般做法是使用时必须先接入该电子期刊所属网站，并且输入 ID 与密码，才可看到该电子期刊的内容。这样的做法已经无法满足需求高的用户，如何让用户通过简单操作就可达到目的变得非常重要，但要达到这样的效果，就必须使各个网站间用同一种沟通机制。

OpenURL 就是一种可以在 Web 间传递讯息的机制，因此受到学术界及市场的重视。它是应用于 Web 上超链接的一种标准陈述语法，借由一组已经定义好的标签（Tag），增进 Web 超链接能力。它定义一个标准 Internet 资料链接的陈述语法，让各个网络上的服务提供者在遵照此机制的前提下，可以轻易达到资料提供者（Source）所传送的要求。而资料提供者也可经由此规范，轻易达到对服务提供者送出深度链接服务的要求。将由 Internet 搜寻后的结果，根据 openURL 语法重组后，即可满足提供深度及智慧型超链接（Smart Deep Linking）服务的需求。

要维护这个系统网络，不能只依赖技术，更重要的是需要制定一套完善的措施和体制，包括制定文献信息服务的相关政策。只有通过科学化的管理，技术才能更好地发挥作用，否则一切只是空谈，操作起来仍然与实际脱轨。

5. 集中与分散相结合模式

国内外各种文献信息资源总库构建模式各具特色，针对澳门的实际情况，笔者认为该网络总库应采用集中与分散相结合的模式，或者说，起步阶段应采用此种模式。从分散模式走向分散与集中相结合的模式，主要原因是目前各图书馆系统过于分散。因此，澳门文献信息资源网络总库首先为各同类型图书馆建立子系统内的联网，而各系统亦有一定的固定读者群，这些读者可选择其惯常类型的图书馆网络系统或澳门文献信息资源网络总库检索文献信息。例如，当公共图书馆读者需经常查找公共图书馆系统的文献信息资源时，如果只需在公共图书馆资源网上查找，那么就可缩小搜索范围而得到相应的资讯。同时，如果读者需要扩大范围查找澳门资料，亦可选择在澳门文献信息资源网络总库中查询。从图 6 – 1 可见，澳门文献信息资源网络总库构建的模式，同时存在集中和分散式文献信息网络，且两者之间相互联结。中心的网络平台连接每一个系统网络，例如公共图书馆资源网，本身已是一个系统，分为中心点及检索网点。其他如中小学校图书馆网、高校图书馆网等，各自为其所属类型图书馆的中心点，亦是澳门文献信息资源网络总库的分点。另外，值得一提的是，由于专业图书馆各自属于不同的专业，而且母体机构各异，参与的成员馆可以直接将资讯目录连接到澳门文献信息资源网络总库，而各分点之间可以在网络环境下互相联结。

6. 澳门文献机构管理协作

如果澳门的各个文献信息机构都接受上述有关的协定，按照相关的规范建立数据库并进行传递，澳门文献信息资源网络总库的资料格式相融便没有问题。同时，也可以使澳门文献信息资源网络总库采用统一标准、统一格式来规范档案名称和编码，这对将来档案互传和数据交换有很大裨益。对于已经实现了通用协定的资源或服务，同样可以由提供者将协定入口纳入登记注册系统中，也可以在提供的结果中加上自身服务器的网址，这样用户就可以借助集成揭示系统获得这些资源，并根据元数据进而访问更加完整的资讯。这样既能使现有的界面发挥必要的作用，也可以使集成揭示系统和目标源的各项服务能够有效地协作。

然而，由于目前部分图书馆或信息机构的数据库已存在或已经建立了相当长的一段时间，如果接受新协定的话可能会对现存的数据库结构造成影响，或需要按协定将现有格式改变及按指定标准作出转换，因而他们未必愿意改变原来的格式，所以，通过协定和规范来达成联网可能较适合新成立的图书馆或文献机构。若要求所有的图书馆都参与协定，一方面可通过技术支援、经费资助、协商等办法来达成；另一方面也可考虑以立法或制定法规的方式来规范所有信息部门在建立数据库时遵循一定的技术标准，这将有助于信息管理和维护、信息服务的增值，使其具有多功能性，以及专业性与安全性。但对于未能接受协定的数据库，则需要开放相关的数据库，通过开发网络接口、诠释资料的工具来达成分布式数据库共享。

无论如何，文献机构的协作非常重要，通过各种行政手段、统筹机制来达成协作是很有必要的，有关这方面的讨论在本书第八章另作阐述。

三、创造价值与分享文化价值——“澳门记忆工程”

就澳门文献信息资源网络总库的长远发展规划而言，除了整合文献信息资源的目录检索，以及提供全文文献资源查阅外，从图6－2中可见，网络总库的其中一项重要内容是建立“澳门记忆工程”，为大众搭建创造和分享文化价值的平台。现代城市建设高速发展，社会发展日新月异，虽然这是社会进步的产物，但不能不令人忧虑的是城市建设使我们失去了许多永远无法恢复的东西，例如许多有价值的传统生活场景被破坏，一些能表达城市特色意象的建筑被摧毁。昔日城市的原貌风采难免被遗忘，人们往往只能从零碎的旧照片、文献、影片等资料，或从人类有限的记忆中重拾历史片段。然而，社会的进步和科技的昌明在加速城市变迁的同时，也在技术上令这失落的遗憾得以弥补，“记忆工程”是以科学的现代化技术组织有价值的历史资料，使城市的发展变化和档案史料能不断地延续，从而成为研究城市和了解城市的重要依据。“记忆工程”就是一个国家或一个城市的整体记忆，就是建立巨型的资料库，它将城市发展过程中产生的一些珍贵的、值得保留的、可以公开的资料有序地储存起来，并通过网站向社会大众展示，形成一套完整的记忆系统，可世代相传，它也是保护文化遗产的一项重要工程。记忆内容包括一个地方的历史档案、文献史料、名人档案、经典歌曲及电影、专题研究专案，还有城市规划发展的图片影像、历史资料及当代情况等。

美国国会图书馆启动的“美国记忆”（American Memory）于20世纪90年代初起步，引起了各地很大的反响，其后各地陆续推出类似活动。日本东京大学图书馆负责的“日本记忆”，以城市的“记忆工程”为主。首都图书馆于2003年启动的“北京记忆”，还有“广州城市记忆工程”“张家界记忆工程”“台湾记忆工程”等，皆代表着对当地、对社会发展的重视。

“澳门记忆”作为一个网络网站的系统形式，综合了国内外“记忆工程”的构建内涵，笔者认为它的主要特点可归纳为地方性、全面性、历史性、延续性、创造及分享性等。这几个方面的特性既独立又相互交融、相互补充，而它的记忆方式是将资料电子化地保存于网络环境中。

1. 以澳门为脉络

“澳门记忆工程”最重要的一个目的是要保存和揭示本地的精神面貌，即澳门的核心思想、城市灵魂、主流意识、价值观以及人文素质等。通过网络世界，本土文化向世界传播，向世人展示地方文化特色，这正是“记忆工程”的核心意义所在。正如美国人类学家艾尔弗内德·克罗伯和克莱德·克拉柯亨指出：“文化是包括各种外显或内隐的行为模式，它借符号之使用而被学到或者传授，并构成人类群体的出色成就。文化的基本核心，包括由历史衍生及选择而成的传统观念，尤其是价值观念。”澳门的地方特色可体现在多个方面。例如地方文献反映了一个地方政治、经济、文化、社会事业发展以及风俗、民情、自然资源等方面。而地方文献与地方学术研究是相辅相成的，学术成果能反映当地的思想内涵。在经济发达的地区，人们更意识到知识与文明的重要性，因此各地均非常重视做好保护地方文献的工作。“北京记忆”系统中有关北京的研究涵盖了北京史论文库、学者长廊，以及相关的学术机构团体指南，这都是北京地方性的议题。仅是北京史论文库涉及的内容就已经很广，如政治史、经济史、文化史、社会史、宫廷史、民族史、人物、考古文物等。必须强调，这些都是以北京为主题的，为研究北京的学者提供了非常有学术性的参考文献。另外，于2004年启动的“台湾记忆工程”也列出了台湾本土“图书文献”的专题，包括馆藏的台湾地区官修地方志目录、初期出版目录、日据时期出版目录、台湾研究书目等。

2. 展示纵横立体的澳门

所谓全面性，是与地方性的概念互相交融的，即全方位、多面性、多角度地揭示该地的状况，可说“点”“线”“面”“体”俱全。“记忆工程”同时体现该地的方方面面，包括经济、政治、法律、宗教特色、历史、名胜、著名人物、地质自然、气象、风俗、民情、名优特产、文化艺术等。尤其强调该地的人文文化、风景名胜等特色，通过展示当地人民的生活方式、大众文化、风土人情、民情、民俗文化特性、语言等透视出该地的文化内涵。“记忆工程”以当地的摄影艺术照片、影艺舞台图片及影集、民间歌谣、谚语、民间曲艺音乐等展示其文化艺术特征，如英雄史实史迹、书画传统、民间工艺、地方戏曲、饮食文化，还包括城市热点、资讯服务、新书推荐等专题。这些都成为人们培养和弘扬民族精神极其可贵的财富。“美国记忆”的网站包括的主题也是全面性的，有文化及民族、环境、政府、法律、文学、战争、历史等。

3. 历史角度看问题

历史的智慧，也就是我们能够从历史中获得的教益。“记忆工程”以其严谨的历史角度显示了澳门的发展进程，“记忆工程”强调的是历史的真实面貌，因此我们对历史的评估需要保持一定的时间与空间上的距离，以摆脱功利的羁绊、政治的束缚和视野的局限，从而以更广阔、深入、超脱的角度来观察和评价历史。“澳门记忆工程”的目的是将该地的历史如实、客观地展现，因此必须有一定的科学性。

4. 承载与传播历史文化

“记忆工程”既承载历史，也传承文化，因而其内容具有延续性和累积性，它有必要将社会发展历程中有价值的资讯不断延续和累积，因此不存在“推陈”或“删减”资料的问题，信息一旦收录到记忆系统中，便作永久保留。既然为记忆系统，那么它只会不断加入新元素，确保系统内的资料永久保存和累积，保持稳定性，使大众能够安心查找，不必担心因过期而失掉所需的资料。当资料不断增加时，后人可通过“记忆工程”的网页系统随时随地地重温以往的历史片段。正因为资料的延续性及累积性，“记忆工程”的持续发展便显得尤为重要。它需要不断进行各种相关维护工作，如修补当地的历史文献、照片、家谱、地图、古文书、版画、期刊与报纸等资料，并不断进行电子化档案制作，更需要进行相关诠释资料的建档以扩充记忆系统的内容。

5. 创造与分享

“澳门记忆”的构建，是通过一个网络平台，令社会大众从不同的角度分享澳门居民的集体记忆。因此，这项文化工程不仅仅弥补了人们对变迁所产生的失落遗憾，向世界提供澳门文化信息，更是一个传承文化、传播知识、掌握信息和分享信息的重要平台。通过建立一个网络系统，展示澳门居民的生活方式、大众文化、风土人情、民情、民俗文化特性；收录及累积有地方价值的文献及史料，使澳门历史文化得以传承，使世界各地更多人认识和了解澳门，因此该平台具有存史、教化、资治之用。

四、新传播工具的运用

当今科技一日千里，传播媒体以及用户端的系统技术都在不断地改变，阅读方式不再拘泥于传统模式，而是从过去的书刊、报纸，到现在的广播、电视，以至网络世界，文献信息资源已变为无限，人们可突破时空、地域的限制，从全球浩如烟海的文献信息中获取所需资源。而现今，随着智能手机与平板电脑市场快速成长及相应的技术开发，iTunes 商店，包括音乐商店、电子书商店、应用程式商店，以及云服务，如 iCloud、Google Cloud、Amazon Cloud 等的广泛应用，使文献信息服务已可直接送到移动用户端，而且这种模式已具有不可阻挡的快速发展趋势。因此，如何利用新技术，最大限度地发挥服务读者的潜力，已是当今文献信息服务所要面对的新挑战。在新的技术环境下，澳门文献信息资源网络总库将是一项社会文化工程，为用户提供第一手文化知识，成为生活化的应用服务。如上所述，用户可通过此平台上传及分享文化素材。

长远而言，澳门文献信息网络平台将趋向于作为推动本土教育的基地。由于开发利用学习资源是一项长远的计划，因此，新技术将使文献信息成为教学工具，包括向中小学生、弱势社群提供平板电脑，电脑内置以澳门文献信息资源网络总库和即时交流的设置，涵盖电子书、图书馆、博物馆、世界百科的内容，令学生“随手”掌握澳门资讯，增进知识，最终提升澳门青少年以及社会大众的文化素质。

第七章　澳门文献信息服务与社会发展

澳门作为一个从小渔村发展到今天的高度繁荣的城市，对资讯的掌握不容有失，尤其在当今信息爆炸的社会，掌握有效的信息才能把握正确的发展方向，这也是取得竞争优势的必备条件，对商务、政府、科研、学术各领域皆不可或缺。也就是说，文献信息服务与社会整体发展息息相关，是在未来社会发展中占据重要市场的行业，正因如此，我们更应探索文献信息服务的多元发展。

一、文献信息服务层次

就宏观概念而言，文献信息服务是文献挖掘整理、储存、传播以及供用者利用的过程，而实际上其每一个环节都涵盖了非常广阔的工作领域和专业的学问，仅针对传播及利用的范畴，便涉及不同形式及不同层次的服务。概括而言，可包括文献信息的内容揭示；按用户需要提供指定专题的信息；针对用户的特性，预测分析所提供的情报服务等。可见其广泛性和多元性。

1. 文献信息的内容揭示

向社会大众或某一特定对象揭示文献信息的内容，是文献信息服务最基本的工作。具体而言，就是通过各种方式和手段将尘封的资源有序地公开。文献机构如图书馆、档案馆等以科学方法对文献信息进行专业的描述和著录，按照知识分类主题、元数据及信息资源内容描述的标准，对信息进行组织与揭示。正如本书第六章所探讨的目的，其一是为用户全面展示文献信息的内容特征并加以记录，使用户了解文献的基本情况。其二是揭示文献信息的所在地，就整个地区而言，可使用户掌握相关文献保存在哪一个图书馆、档案馆，以便自行查找；对一个图书馆而言，可展示该馆的馆藏特色、知识内容的分布与结构、文献信息的具体位置，或者相关的网址等。其三是为用户提供信息评价，如通过书目、文摘等方式展示文献的信息内容，作为用户从中选择所需资料的依据。

网络环境下文献信息的有效揭示，为信息资源的知识与内容提供了有益的参考，以及完整的信息服务，令用户突破时间和空间的限制，如随时随地查阅、下载数据等。当然，这个层面主要针对内容的全面性揭示，并未强调个性化的服务。

2. 定题服务

相对于文献信息揭示，定题服务及参考咨询已转向个性化。定题服务就是根据用户的特别需求，或针对某一指定课题和实际科研的需要，使文献机构在众多的文献信息资源中选定主题，然后定期或不定期地为特定用户提供相关文献的现状、动态、进展等信息，并为用户进行文献跟踪检索，使用户获得经过筛选后的最新检索结果，最终以书目、索引，甚至全文资料的形式呈现出来。定题服务为用户提供课题前期的调研、开题立项、专案进展和成果验收全过程的文献检索和服务，并且可根据用户要求出具文献综述报告等。在定题服务的基础上，文献机构也提供文献传递服务，为用户送上最有效和有针对性的信息。在个性化服务方面，现在澳门不少的图书馆、文献信息机构、政府机构等亦提供参考服务，即为用户提供咨询及指引，包括事实性咨询服务、专题性咨询服务、方法（研究）性咨询服务、技术（指引）性咨询服务等。在此服务的基础上，用户也可通过网络终端向图书馆或信息中心发出请求，选择所需的各种信息或预约专家解答问题。

在知识经济时代，社会的需求以及读者使用文献机构及图书馆的方式、方法已大大改变，对文献信息服务的要求也更高、更新。相关服务应充分利用新技术，开展新的服务项目，拓宽服务范围。

3. 情报服务产业化

情报服务较上述的文献信息的内容揭示、定题服务等层次更深，就是根据用户需求，针对需解决的疑难问题而提供知识、信息、追踪修正，以及预测服务。即为用户群在商业、政府政务领域的潜在需求进行有效的预测，准确无误地提供必要的信息服务。情报服务，国内外也称之为智力服务或竞争情报服务。由于市场的需求，该服务已渐渐向产业方向发展，通常是独立的咨询机构或咨询顾问在与客户订立协定的前提下，以及在掌握翔实信息的基础上，为客户提供对口的、最直接、最有效的信息。

从古代的藏书楼到现代的文献信息中心，可以看出，在某些特定社会条件下，文献机构的完全公益性也许会动摇，尤其是一些图书馆在经费不足的情况下，甚至需要面对自负盈亏的局面。尽管文献载体的物质形态发生了许多变化，但其是随着社会的文明进步在不断地发展、深化和完善。从现代图书馆的社会功能看，其社会职能主要是传递科学情报、进行社会教育、丰富群众文化生活、保存文化遗产等。此外，现代社会对信息产业的一般定义是与信息生成、采集、传递、处理、存储、流动及服务直接相关的产业的总称。从这一角度而言，图书馆、文献信息机构是把握信息产业脉搏的最重要源地。因此，信息服务便为图书馆铺设了步向产业化的道路，这也渐渐动摇了人们关于图书馆的绝对公益性地位和角色的传统观念。

就产业的角度而言，现代咨询服务业具有强大的经济杠杆。据有关专家估计，咨询业每收入100万元，对企业的直接贡献就达到1亿~20亿元，杠杆效应是100~2 000倍，以麦肯锡、波士顿等为代表的咨询公司为美国企业占得全球领先地位立下了汗马功劳。为政府咨询的效果虽然难以用经济效益来直接评估，但是其社会效益是十分巨大的，著名的兰德公司就对美国的崛起起到了智库的作用。所以现代咨询服务业对于一个国家或地区的经济、政治起着至关重要的作用。因此，文献信息领域的空间呈现出巨大的包容性，不仅拓展了以知识和信息为资本的生产空间，而且包容了“以物质资本、经济资本为运转方式”的传统产业和以“智力资本、文化资本、数字资本为营运方式”的新的信息文化产业。

二、提升信息服务的前提和条件

随着澳门社会近年来的高速发展，人们对信息的需求更是与日俱增，信息资源的管理更应走向科学化和网络化。因此必须强调网络化系统涵盖两个层面：一是通过信息科技而达成的网络系统，即技术的层面；二是科学管理及有效机制的建立，它所涉及的是人文的层面。

1. 资源库的建立和更新

专业咨询服务在很大程度上依赖文献信息服务的兴起，因为浩如烟海的资源只有经过整理和科学化的管理，才能得以有效利用。任何一个产业都有自己的内部结构，专业咨询服务的能力与信息服务密不可分。信息产业本身也是融合了信息技术、设备制造、信息服务业等的大产业，它集信息的收集、加工、传递、利用于一身。因此，文化信息产业也被视为文化产业和信息产业的结合，它们的相互结合存在着必然性，也是一种内在需要。正如美国在线与时代华纳的合并，已被视为两者结合的一个强烈讯号。可以预见，它们合并后成立的公司，必将依赖它们在信息传播方面的强大优势，以过去所没有的广度和深度，把美国的文化和价值观传播到每一个角落。澳门经济近年来急速发展，因此带动了如房地产、旅游、科研等相关领域的蓬勃发展，也令澳门成了国际化城市，吸引更多人士对澳门进行研究。相应地，澳门对国际信息的需求也在不断增加。

信息服务业包括传统信息服务业、资料库、软件服务、系统集成服务和网络服务等行业。因此，各个部门必须协调发展，以保证产业的平稳发展态势。为此，在发展信息产业的过程中要处理信息供应商、信息网络、信息资源开发者、信息用户等之间的关系，使之得以平衡发展。国内外重视文献信息服务的地区已有许多企业瞄准世界性的庞大信息市场，致力投资相关领域的业务，如各种各样的文献数据库、报刊数据库等。

基于此，澳门应建立澳门数据库以大力开拓文献信息及其他各种主题的资源，如澳门早期报业、回归过渡期的澳门、博彩业开放的澳门等，并整合检索工具，提高专业咨询服务的效率。在这个过程中，文献信息机构很可能会成为文化信息产业的中介和传递信息的平台。

2. 社会参与

信息工作者必须根据市场需求和专业特长建立专业咨询机构，为社会提供专业咨询服务。澳门专业信息服务机构的建立和发展，应该考虑市场因素，以市场为导向，在为信息消费者提供服务的过程中获取应得的报酬，在提供专业咨询服务的过程中获得经济效益。与此同时，设立大型综合信息咨询服务中心，以这些中心为核心，形成发散型的网络体系，覆盖澳门的信息系统，以保证在澳门本地乃至跨地区都能通过网络系统取得自己所需要的信息，充分实现信息的价值。此外，大力开发人才资源，澳门特别行政区政府应该对信息社会所需人才资源作出全面的、认真的分析及评估，并加大对信息人才的培训，以满足政府乃至信息化社会的人才需求。

纵观各地的文献信息事业，近年的确发生了巨大的转变，它紧密地与社会联系在一起。国家较为重大的文献资源建设项目，有文化部的公共图书馆系统工程、科技部的国家科技图书文献工程、教育部的高等院校图书馆系统工程等，这充分体现了图书馆在信息管理、传播方面及社会各领域的重要职能。这种过去靠政府支持的行为，现在已渐渐转向图书馆自行开发信息服务，并向社会参与的方向延伸；文献机构根据自身优势与商业机构合作，利用信息科技的专门人才共同开发信息管理服务。总之，整合资源是信息业发展的根本。

3. 网络环境

根据资料显示，年龄介于 6 ~ 84 岁的澳门居民的上网率从 2001 年的 33%，持续上升至 2019 年的 89%；2019 年的上网率较去年增长了 5%。由图 7 - 1 可见，该年龄层的网民人数从 2001 年约 13 万人稳步扩大至 2019 年的 55 万人（即占对应总体约 62 万人口的 89%），如考虑到抽样误差（ ±3. 16%），实际网民数为 53 万 ~57 万人。2018 年底的外地雇员人数约为 19 万人，扣除外地雇员的网民约为 38 万人。[①]由这一发展情况可见，市民利用网络信息资源已成为一种趋势，这也为澳门开发网络信息资源提供了良好的平台。

由于网络文化的普及，人类在信息的交流和传播方式上有了极大的改变，其改变特征尤其表现在它的开放性和多元性。因此社会各阶层，无论是政府、研究人员，还是社会大众对信息的需求指标与以往大不一样，他们需要掌握快和准的信息。从不断出现的新网络、新词汇便可见一斑，例如信息管理、竞争情报、信息服务、电子数据库、专业咨询服务等，而这些范畴与文献信息服务特征极其相符。

网络提供了一个全新的信息环境。网络的相互交换技术解决了不同硬体平台、不同网络产品和不同作业系统之间的相容性问题，为整合式检索提供了良好的条件。为进行大规模的网络互联、自由地选择和利用各种网络服务、有效地进行专业咨询服务奠定了基础。

---

① 澳门互联网研究学会.《澳门居民互联网使用趋势报告 Internet Usage Trends in Macao 2019》，第16 页。

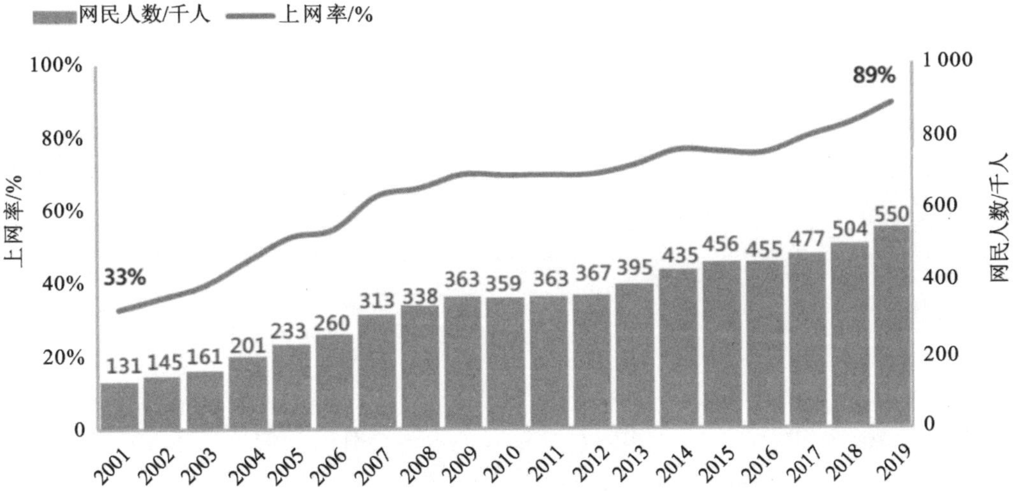

图 7－1 2001—2019 年澳门网民人数及上网率①

4. 机制和组织

随着信息资源数量的快速增长，许多与维护、更新及可持续发展相关的问题便产生了。这些问题必须得到应有的重视，我们不能不承认协调机制是保障可持续发展的战略因素。尤其是要改变文献信息部门资源分散及各自为政的局面，必须依靠具有一定行政效力的管理及协调机制去全面促进澳门信息事业的整体发展。所以，针对澳门图书馆系统整体松散的组织情况，设立有效的协调机制已经刻不容缓。通过法规协调组织澳门图书馆文献机构，并对信息资源、自动化系统的建设进行总体布局，加强澳门书目事业建设、图书馆信息资源建设、相关技术研究，建立科学有效的原则和机制，将有助于解决澳门总体整合信息资源的一系列难题。

在协调机制方面，政府的角色非常重要，澳门信息服务需要信息产业健康发展来推动，需要以政府主导、企业参与的形式进行。政府对于一些必要的文献信息工程项目应大力支持或直接组织协调。美国国会图书馆的“美国记忆”项目，就是由美国国会提供了约 1 500 万美元的经费，使之成为美国极为重要的历史资

① 澳门互联网研究学会.《澳门居民互联网使用趋势报告 Internet Usage Trends in Macao 2019》，第 16 页。

料库，此举令世界瞩目并被纷纷效仿，而目前，美国国会图书馆已将发展目标投向世界，极力发展“世界数字图书馆”，以吸引全球合作伙伴及读者。又如日本国会图书馆牵头的数位图书馆计划是由日本国会下拨50亿日元支持的。中国内地近10年来各级政府部门如文化部、科技部、教育部等和地方政府分别对图书馆的发展专案和工程等投入了大量的经费。除了启动经费外，每年还有持续拨款，目前各项工程都能稳健地持续发展，而且产生了巨大的效益。

而协调机制的一个重要作用就是针对目前各图书馆自我开展馆藏资源建设。现在馆藏资源一方面存在重复，另一方面又有缺漏，造成澳门整体文献资源布局和配置不合理，需要进行调控。馆藏资源缺失的后果是将影响教学和科研的支持力度，使学者难以查找到所需的学术资料。所以，澳门文献信息网络化、数字化建设面临两大挑战：一是如何整合各文献机构已有的资源，将各种来源不同、结构各异、用法有别的资料库纳入统一检索平台，以使用户更方便地获取资讯；二是如何系统地分工合作，科学地开发各馆特色的资讯资源，使其以数字化的方式得以长久保存和广泛利用，形成澳门“专业知识库”系统。

5. 镜像数据库资源

目前，澳门文献机构每年花在采购数据库的经费达数千万澳门币，但目的只在于检索而并不是拥有这些资源。因而，不管数据库有没有人使用，一旦停止购买，便没有“储存”的文献信息。澳门特别行政区政府必须从长远来考虑，通过上述的协调机制，使澳门集中以镜像方式采购数据库。所谓镜像，“是指在获取资源网站的许可后，将资源网站的相关资料库完整地下载到本地网站服务器上，建立一个与原网站同样的资料库，用户可以在镜像网站上访问与获取原网站完全相同的资讯服务。”① 也就是说，即使澳门各图书馆因为种种原因终止购买数据库资源的使用权，也不会因此完全失去曾经能查阅的文献信息，因为这些资料已经成为澳门永久拥有的馆藏。这样一方面可使经费能被有效运用，另一方面，更重要的是使澳门能继续拥有这些资源并长期提供给读者。澳门可以确定一个中心机构向供应商以镜像方式购买数据库，然后与各个有检索需要的图书馆分摊费用。这种方式购买的不仅是使用权，还包括拥有权，当然其价格较纯使用要高。但其他各图书馆则不需向数据库供应商付款，只需向澳门的中心馆镜像网络

---

① 黄明解、高建平、陈永莉：《现代资源建设道论》，湖北人民出版社，2004，第176页。

服务系统缴交开通使用权的费用，甚至免费使用。这样不仅为澳门图书馆读者利用数据库资源提供了便利，而且使资料库内的资源可被永久保存。

澳门文献信息体系的可持续发展，要从社会全面性来阐述，所以它强调的是城市整体环境和信息机构的相互关系。文献信息管理为社会提供精神食粮，人们获取信息和知识是社会必需的，它的可持续性也是必然的。而可持续发展重视过程，强调改善、进步和良性变化，将各种因素融合起来，借此获得可持续性。这主要依赖于政府支持，法律法规，协调机制，以及信息部门、社团、企业等方面的配合。

三、文献信息服务与社会发展

从社会发展来看，文献信息服务不是孤立存在的，其发展与所处的社会环境有着密切的关系。社会的需要是文献信息服务生存和发展的动力，它们之间也产生互相促进的关系。因而，澳门文献信息服务的发展目标也是社会发展的重要战略目标。

1. 政务范畴

任何一个政府都离不开政策研究，而支撑政策研究的其中一大因素是有效且具有预测性的信息，其可助政策措施的准确制定。澳门特别行政区政府对制定有效的预测信息的需求应是非常大的，它涉及民生、本地及外地时局、社会、舆情等，一旦信息把握有误，政策便有所失。例如，政府推出的项目若未能把握社会民情及具有较全面的参考依据，便难以准确预计社会的反应。澳门早前推出的外地大专生留澳工作计划咨询，便产生很大争议，而且造成一定的社会舆论压力。即使此计划没有预设方案，但坊间的强大反弹已令该计划进退失据。因此，仅是舆情研究，便给澳门留下很大的探索空间。

另外，情报服务通常需要及早储备本地及国际社会发生的前沿信息，因而往往当危急事情，如大型的传染病、经济危机、暴动等问题发生时，储备信息就即时发挥作用。在这方面美国政府非常积极与认真，例如申请旅游签证，他们除了记录申请者个人资料外，申请者父母及所有家人的背景资料也要记录，足见美国对信息的重视。其实早在“二战”结束，美苏两国漫长的冷战拉开序幕时，美国就未松懈对信息及情报的掌握。美国国会在 1947 年 7 月 26 日通过了《1947 年国家安全法案》，并规范了中央情报局的职责："负责情报的对比、评估与散发，并履行其他与情报工作有关的功能职责，当这些情报工作影响到国家安全时，国家安全委员会可能会不定期作出指导。"这个规范却未能满足杜鲁门总统"在尽可能短的时间获取质量尽可能高的（前）苏联方面情报……"[①] 的高要求。其后，杜鲁门及中央情报局的工作人员通过各种方法，包括营造"民意"，令国会加大了中央情报局权力。如今，美国在信息和情报方面的成绩有目共睹。

反观澳门，在第五届立法会选举期间，不少人以恶意中伤或抹黑的方法来打击对手，而其中一种方法是以手提电话向手机用户发送不实信息，事后却无法查究这些信息的发出人。原因很简单，因为在澳门购买临时电话卡非常随意，而且不必记录购买者资料，这样便为不法分子制造了机会，亦为调查造成障碍。许多国家及地区都严格管制手提电话卡的出售，必须登记实名及证件资料，通过核对才可使用。可见澳门在这方面的意识并不强，由此可知文献信息服务与政府政务是不可分割的。

2. 经贸范畴

随着澳门经济的不断发展，以及现代社会激烈的竞争，澳门与邻近地区特别是与广东省建立了不可或缺的合作关系，因而更需要文献信息服务针对商业机构、顾问公司等提供经整理加工后的专门信息，尤其澳门商业机构需要面对来自外地及澳门本地的合作伙伴及对手。例如，商业机构要开拓市场，掌握相关市场信息是提升竞争力的重要因素；电视台拍摄某特辑主题节目，需要搜集相关背景资料等，因此文献信息服务显得更加重要。与此同时，良好的经济发展也为文献信息服务业的发展创造了有利的财政资源和生存空间。

3. 本地资讯素养

文献信息服务的能力对提升本地人文素养和科研能力具有推动作用，而一个地区市民的文化素养及教育水准越高、科研能力越强，对文献信息的利用和需求率也相对越高，这两者之间存在着必然的互动关系。可以说，综合生活素质的提升离不开科技和资讯社会双重因素的催化，人类掌握信息能力的提升，是现代化社会的产物，因而，资讯素养是文化、教育和学术水准的体现。

---

① 陈肯：《美国秘密情报档案》，哈尔滨出版社，2012，第 81 页。

资讯素养（Information Literacy）的概念，学者一般认为是由美国信息产业协会主席波尔（Paul Zurkouski）于1974年首先提出的。其后不断有学者对此予以时代性的新诠释，1977年，美国国家科学基金会科技资讯部的主任Lee G. Burchinal认为具有资讯素养的人是“拥有一些新技能的人，包括有效地找到所需的资讯、使用资讯以解决相关问题”。Breivik和Gee也认为所谓有资讯素养的人是“有能力获取和判断资讯，以满足资讯需求的人”。[①] Rader和Coons（1992）提出，一个具有资讯素养的人，应具备7种相关的特质和技能，包括能在资讯和科技的环境中有效地学习；能在自由民主的社会中经营有生产力、健康和满意的生活；能在迅捷的社会中有效率地工作；能接受各种挑战；能有效地利用资讯；能利用书写和电脑工具从事工作；能掌握研究方法和学习的技能。[②] 总的来说，资讯素养是表示个人对资讯的处理能力，而具有资讯素养的人懂得如何在资讯社会中生存、适应环境、与外部世界沟通、实践和学习。[③]

面对资讯社会，澳门已渐渐迈向国际化，资讯素养将成为澳门社会文明进步的标志。新时期的澳门发展只有培养出具备资讯素养的人才，整体的社会素质才能提升。而资讯素养中的重要构成是获取、检索、评价资讯的知识和能力，这也正是图书馆在资讯时代应拥有的技术和承担的社会责任。

---

① 吴美美：《信息时代的图书馆—新教育思潮与图书馆信息》，师大书苑，2001，第56页。

② 同上。

③ 杨开荆、赵新力：《澳门图书馆的系统研究》，广东人民出版社，2007，第145页。

第八章　教育与培养

教育与培养青年人及让社会大众了解当地文化，加强乡土情怀及文化认同感，是本土文化建设很重要的因素，不论是UNESCO还是当地社会，都视此为重要的文化政策。然而，就澳门而言，情况不容乐观。笔者于2012—2013年参与由澳门社会科学学会组织的“澳门青年人如何应对社会变迁研究”活动，该研究以澳门15～35岁青年为对象，向逾1 000位澳门青年人进行问卷调查，笔者与多位不同背景的青年人及家长进行了面谈，从不同的角度探讨有关问题。调查发现，澳门青年对本土文化欠缺认同感，尤其对文献遗产的认知很低。

UNESCO所设立的3项大型保护人类遗产的名录都与澳门有关。例如具中西文化精髓的澳门历史城区被列入《世界文化遗产名录》，政府已在民间大力宣传，却只有约60%的受访青年表示了解及非常了解；对澳门的民间项目被列入国家级《非物质文化遗产名录》，了解的人只约占受访者的1/3；对《天主教澳门教区档案文献（16—19世纪）》被列入《世界记忆名录》，了解的人更少于1/4。由此可见，他们对澳门的文化底蕴所知不深，也没有因为澳门的各种文化资源被国际社会认同而感到自豪。从这个角度可反映出他们对澳门的文化认同感不足，对澳门文献信息的关注度更低（表8－1、图8－1）[①]，由此说明澳门在这方面的教育和宣传不足。此外，亦反映了青年人对文献档案的接触甚少，而且在观念上认为这是远久的历史素材，与当代社会有一定的距离，因而兴趣不大。这种观念无形中影响了历史文化的传承。因此，我们有必要向澳门青年人乃至全社会推进文献学教育，并以通俗和大众化的方式推行，以最大限度地引起大众的兴趣。

---

① 杨开荆、刘静文等：《澳门青年人如何应对社会变迁研究》，澳门社会科学学会，2013，第101页。

表 8－1　澳门青年人对《天主教澳门教区档案文献（16—19 世纪）》被列入《世界记忆名录》的认识调查

了解情况	人数比例	个人身份背景			合计
		中学生	大学生	在职	
非常了解	人数	59 人	50 人	23 人	132 人
	比例	12.9%	11.9%	16.2%	12.9%
了解	人数	47 人	36 人	16 人	99 人
	比例	10.2%	8.5%	11.3%	9.7%
一般	人数	113 人	113 人	35 人	261 人
	比例	24.7%	26.8%	24.6%	25.5%
不了解	人数	190 人	179 人	46 人	415 人
	比例	41.5%	42.4%	32.4%	40.6%
非常不了解	人数	49 人	44 人	22 人	115 人
	比例	10.7%	10.4%	15.5%	11.3%
合计	人数	458 人	422 人	142 人	1 022 人
	比例	100%	100%	100%	100%

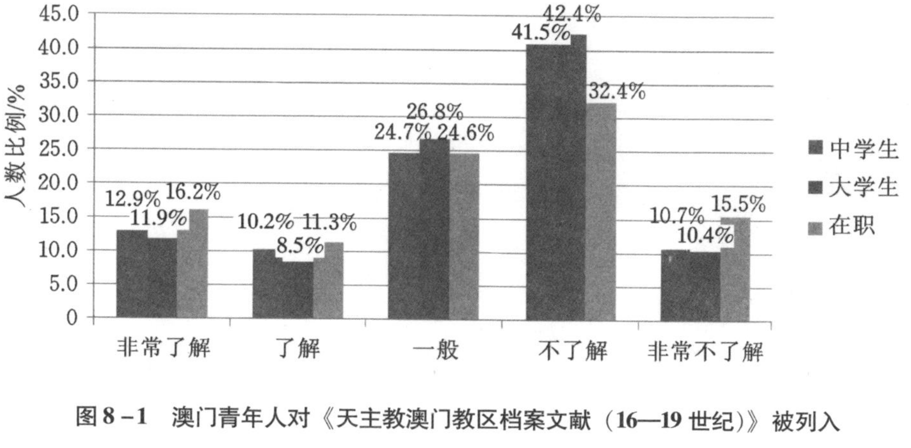

图 8－1　澳门青年人对《天主教澳门教区档案文献（16—19 世纪）》被列入《世界记忆名录》的认识调查

一、世界记忆研究学习计划

如前所述，UNESCO 的“世界记忆工程”旨在为抢救文献资源而设立。近年，为了广泛地推动文献遗产保护以及做好信息资源的管理，令包括青年人在内的社会大众参与有关工作，UNESCO 于 2011 年启动了“世界记忆研究学习计划”（Memory of the World Studies）（以下简称“研究学习计划”），针对文献档案的长效管理与利用提出跨学科和国际化的教学理念及研究模式，特别是利用现代资讯和通信技术，从新的视野向世界推动保育文献以及信息化服务的知识，并强调结合当地的文化特色开展活动。

具体而言，“世界记忆工程”国际咨询委员会推出的“研究学习计划”是以新概念开展文献档案的教学和研究，使该领域的工作变得大众化和年轻化。这个新概念的提出源于互联网的普及，特别是网络的发达。它必将改变文献档案原有的教育和研究方式，并转向更广阔的领域和更趋向于国际化——既与世界记忆项目相结合，又强调了地方文化特色。从概念上而言，“研究学习计划”不仅仅是一般形式的课程，更是结合国际的标准和地方特色，运用各种教学形式，如讲座、研讨会、课程等，面向社会大众，以及在高等教育学校或中小学校推行，使其产生更深远的影响。从短期来看，“研究学习计划”可通过成人教育、实习、网上学习等形式进行，或将该研究学习计划融入历史学、图书馆学、博物馆学、哲学等学科中。

基于此，“世界记忆工程”制定了未来 10 年的发展目标及相关活动方案，其重点在于推动全世界对人类记忆遗产的普及教育和知识推广，尤其是对青年人的培养。故明确了未来的发展目标是提升对世界文献遗产保护的重要性的认知；针对文献数字化及保育开发教育与培训计划；推动“世界记忆工程”的网络化发展；制定具凝聚力、理念以及务实的管理和保存记录信息的数字化战略等。毋庸置疑，推动社会大众参与文献信息服务，是国际社会关注较多的议题。

二、澳门社会大众对文献信息的意识研究

澳门近年来急速发展，而文化的步伐必须同步，社会才能健康平衡发展，澳门特别行政区政府也多次提出必须提高青年人的本土文化意识及拓宽其国际视

野。为了更有效地探讨在澳门推动“研究学习计划”的可行性，以切实配合澳门的发展需要，笔者于2012年底统筹及参与了澳门文献信息学会举行的一项名为“‘世界记忆工程’——文献遗产研学坊”的调查研究问卷活动，从而了解了澳门人士对提升文献保育与信息资源管理的意向。现就问卷调查结果进行分析。

1. 问卷调查背景

问卷研究对象为澳门居民，目的是探讨在澳门开展“世界记忆研究学习坊”（以下简称“研学坊”）计划的可行性，研究澳门居民对推广文献遗产的保育以及网络化和信息化的意向，并希望能鼓励更多澳门人士参与其中。“研学坊”内容将同时涵盖历史、文化、世界文献遗产标准等范畴，也考虑安排学员赴外地交流学习。问卷调查简明扼要，内容主要针对社会人士对于澳门文献遗产保护、留存集体回忆的看法，以及如何有效展开相关的推广教育、具体意愿等。通过网络、图书馆、青年社团、学校的学生会和教授、公司等派发问卷进行调查。共提出了13个问题，收到361份有效问卷。受访者以学生为主，占调查人数的74%，而教师占6%，文职人员占8%（图8－2）。

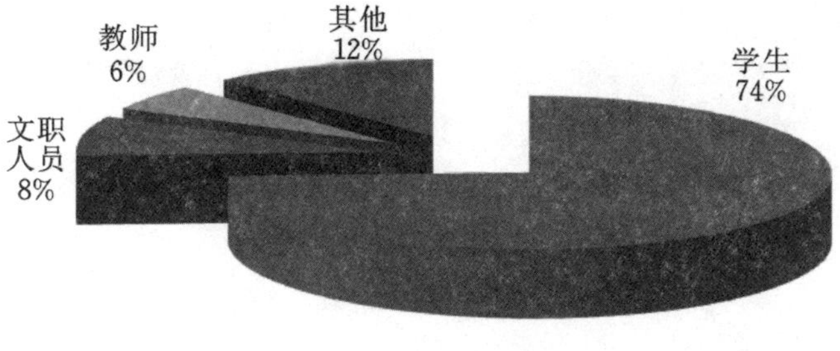

图8－2　“研学坊”问卷调查受访者职业

2. 推行文献信息普及教育的必要性

就整体而言，问卷调查结果体现了社会对该领域的期望，受访者中有高达97%的人认为有必要提升澳门人士对文献保育的意识及水平（图8－3）；有67%的受访者表示有兴趣参加“研学坊”计划，借此提升这方面的知识，以更广阔的国际视野去关注澳门文化发展；有74%的受访者表示会推荐朋友参加“研学坊”计划；更有34%的受访者表示希望参与“研学坊”的筹备工作会议。由此可见，社会已意识到提升澳门人士文献保育意识及水平的迫切性。

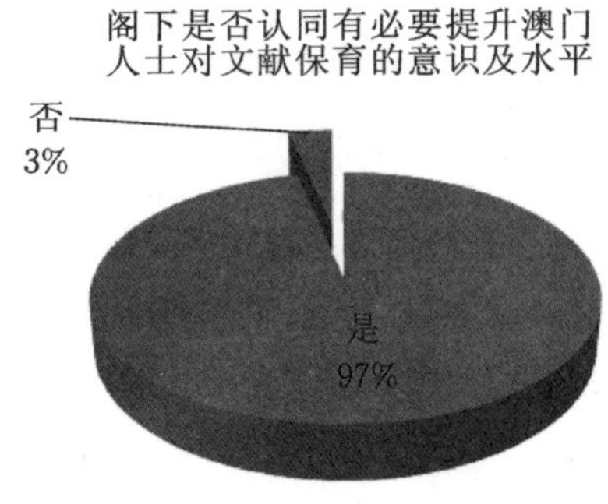

图 8－3 开展“研学坊”的必要性调查

至于“研学坊”的对象，受访者指出中学生、大学生、教师、文献界、图书馆界、博物馆界、文物大使及社会大众均具备相同的重要性；相对而言，认为大学生应接受“研学坊”计划的受访者人数最多（图 8－4）。

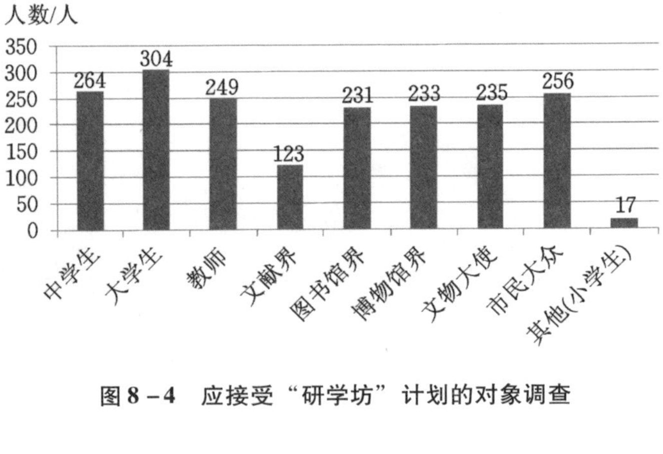

图 8－4 应接受“研学坊”计划的对象调查

3. “研学坊”的构思

对于“研学坊”的具体推行方式及构想，也是调查研究的重点。问卷针对该范围设计了 7 条问题，包括内容、时间、形式等。时间方面，有 39% 的受访者认为以 1～2 个月时间最受欢迎，32% 的受访者则认为长期举办才能培养并加深澳门人士文献保育意识及水平；至于举办的具体时间，61% 的受访者认为最佳时间为周六，这样更多学生及在职人士能在课余及工余，以轻松愉快的心情去参加

“研学坊”；至于每周参与的时间，有72%的受访者认为2～3小时为宜，时间不宜过长或过短。学费方面，79%的受访者认为“研学坊”应免费举办，以吸引更多有兴趣的人士参加，若收费的话，则有70%的受访者希望得到澳门教育暨青年局持续进修计划的现金资助，说明大众普遍期望以社会福利方式获得学习的机会。关于“研学坊”内容及知识的提供方面，调查显示希望以实务技术及对外交流形式的受访者最多，两者各占38%，而期望吸取理论知识的占22%，反映出受访者希望实践与理论相结合（图8－5）。对于完成后的证书，有76%的受访者表示希望能获得由UNESCO发出的证书，因其具备国际性。

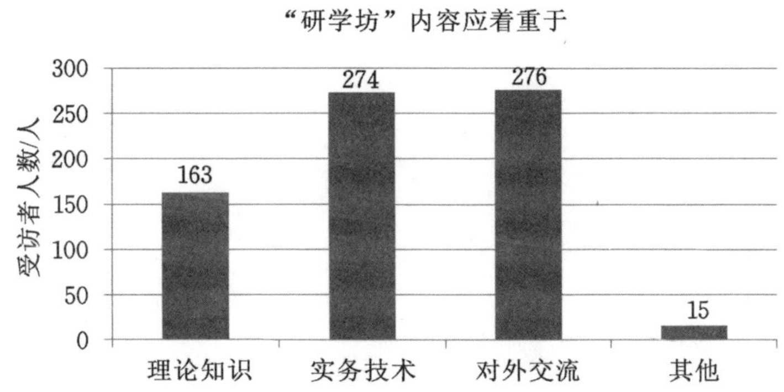

图8－5 受访者对“研学坊”内容的期望

由以上调查结果可见，受访者对“研学坊”的兴趣甚大，尤其希望以国际的元素来提升对本土文化的了解。同时，以理论结合实践的方式推行“研学坊”将更具吸引力，深入了解文献遗产的重要性，不能纯粹以课堂教学模式进行理论灌输，而应将实务技术及对外交流结合起来，这样更能产生效能。在经济急速发展的社会中，吸引青年人参与文献整理工作并非易事。据问卷调查显示，大部分受访者表示有意参与此计划，而且以年轻人居多，这是值得欣慰的。

三、“澳门文献学”学科

1. 学科理念

笔者曾多次提出设立“澳门文献学”的学科。首次提出是在2003年《澳门特色文献资源研究》一书中，并引起了澳门研究学者的反响。该研究方向的主要构思是对“澳门学”的支撑，以及基于含金量极高的澳门文献资源亟待挖掘、梳理和利用这一现实。其研究是利用各种史料及目录，探讨各时期有关澳门的文献，并分析澳门文献类型的形成和特征，揭示澳门文献发展史上的重要著作，评介各种文献汇编、书目索引的优劣，探讨澳门文献工具书的编制和方法等。通过对澳门文献进行系统梳理和系统揭示，为读者了解和选择澳门文献提供参考资料。笔者相信“澳门文献学”是“澳门学”中的根本科学①。

其后，经过数年的不断探讨，以及专家、学者意见的启迪，在2007年的《澳门图书馆的系统研究》中，笔者在原来的基础上对“澳门文献学”的理念再作思考，并从实践方向展开探讨。考虑到文献信息机构的存在价值主要在于满足社会对信息和知识的需求，并为社会各领域提供有助其发展的信息资源，所以从实践意义的角度，对“澳门文献学”的构思包括传承澳门历史文化遗产，梳理澳门历史上留存下来的珍贵文献资源，尤其是澳门地方文献等；有效管理日益增长的文献信息资源，建立全文资料库；各图书馆合作建设有特色的资料库，如论文库、特藏库等；研究如何开拓更深、更广阔的文献信息资源，使世界各地有价值的文献信息成为澳门的知识宝库；开拓国际资源，加强与外地有关澳门文献资讯资源的联系，将外地存有的澳门资源进行收集和整理；将各文献信息资源进行科学的管理，使之成为一个完整的澳门文献信息资源网络总库。② 其后，在2010年《天主教澳门教区档案文献（16—19世纪）》被列入《世界记忆名录》后，澳门文献的重要价值得到了国际社会的认同，并引起了国际组织的关注，“澳门文献学”学科的推行也更具意义和可行性。结合国际组织对文献研究的重视，以及上述在澳门进行的问卷调查，笔者尝试从推动学科理论教育的角度再谈“澳门文献学”学科，并分析其在澳门实行的状况。

2. 学科体系

“澳门文献学”学科的课程主要是从澳门本土出发，同时结合国际组织视野，探讨澳门文献的产生与历史渊源，以及国际组织对文献保护的理念。因而“澳门文献学”学科涵盖整体社会发展的层面，以文献信息和知识管理科学为基础知识，包括理论、实务和应用等方面，更强调在网络世界中有效利用和组织网

---

① 杨开荆：《澳门特色文献资源研究》，北京大学出版社，2003，第234页。

② 杨开荆、赵新力：《澳门图书馆的系统研究》，广东人民出版社，2007，第196-198页。

络资源的重要性。具体涉及文献信息管理者的专业伦理、本土文献与本土历史文化、国内外文献的整理方法、各类文献的特点与用途、政府档案管理、图书馆资源的利用、文献检索、储存与利用等范畴。因此，“澳门文献学”学科将融入国际社会对文献的保护及利用、开拓与创新的内容，尤其是UNESCO“世界记忆工程”的理念，并结合“研究学习计划”，以文献的评估标准作为解读澳门文献价值的其中一个参考因素。同时，该学科还涵盖资料挖掘及整理、建立与自身息息相关的“澳门记忆”项目，以提升学员本土意识及拓宽其国际视野。

文献作为现代人学习、教学、研究等不可或缺的参考素材，如何掌握其基本知识乃自学和治学的重要途径，并有助于学员了解本土文化及进行学术研究，从而推动“澳门学”的实行。具体而言，“澳门文献学”学科主要涵盖以下内容：

（1）澳门文献基本知识。

探讨文献的基础理论，涉及文献的发展历程、载体发展形式及各时代的背景；分析古今文献类型，从经史子集、家谱，到当代图书、期刊；分析文献的产生方式。

（2）澳门本土文献资源及其历史源流。

分析澳门历史与文献遗产的关系及其世界意义。包括各种文献名录对澳门文献的评价，如澳门文献已被列入UNESCO的《世界记忆名录》，明清古籍被列入《国家古籍保护名录》等；探讨澳门地方文献如政府文献、报业、地方文献、国际组织文献等与澳门历史的关系及其产生的原因；安排学员参观历史悠久的文献机构，如修院、功德林寺庙等，了解有关文献及其历史，并要求学员进行资料搜集。

（3）文献管理概念。

澳门尚有大量的文献待整理，因此有必要探讨文献分类编目的原则和标准、元数据订立的方式、分类的程序等，推动学员了解常用图书的种类和特点，学习图书资料的基本描述及著录方式。

（4）档案管理。

探讨档案的定义、档案在资讯社会的角色、档案的生产周期，以及掌握政府对档案的管理，如档案分类、档案鉴定、澳门法律法规、各地政府档案管理特性等；阐述澳门档案系统及层级结构，如全宗、系列、宗卷、件或册等的定义、分类、编目方式。

（5）“记忆工程”。

分析UNESCO推行“世界记忆工程”的目的和意义，例如它的起源与发展，以及目前申报其名录的条件，以了解国际视野下的文献保护理念；探讨“澳门记忆”项目，深入分析其内容、模式、要求，并安排学员分组进行资料挖掘和整理，建立“澳门记忆”项目，以提升学员本土意识及拓宽其国际视野；学员进行实地考察研究，参观老街道、店铺、庙宇等，并进行拍摄、录影等实地调查及资料搜集，根据各组的项目计划，整理、分析及研究各个文献信息的主题项目。

3. 教案分析

由于“澳门文献学”学科已受到各方关注，其意义亦进一步得到肯定，笔者尝试结合“研究学习计划”的宗旨，以及澳门本土历史文化与特色文献，向澳门理工学院本科“公共行政学”大学四年级“文献学”课程的学生展开上述学科教育。同时，安排学员到文献机构参观，并根据课堂及实地观察所得，撰写相关的报告，如《澳门文献遗产与澳门历史》专题等。而后者属于相对较大的项目，各小组可按不同题材整理“澳门记忆”资料，例如校园、街道、家庭、邻里、老店铺等，并通过搜集档案、照片、影片等历史资料，以拍摄旧物、人物及录影等方式进行，撰写文字报告。

理论与实践相结合往往能引起学生的思考和探索兴趣。学员经过亲身搜集资料及分析，提交了不同题材的“澳门记忆”项目，包括“陆路交通工具的记忆”“渔业记忆”“大赛车记忆”“儿时记忆”“老店铺记忆——怀旧冰室”“街道记忆”等。青年人通过参与记忆项目，对小城的历史有了不同程度的认知。以下辑录部分小组成员在整理项目及撰写报告后的体会，从中可见，青年人在参与本土文化工作后，认同感及文献保育意识有所提升。

以下分享各学生小组提交项目的摘要及其体会：

（1）“陆路交通工具的记忆”项目。

在这份报告中，我们小组主要寻找澳门陆路交通工具的文化记忆，发现在经济和城市的发展过程中，不可避免地会出现新旧交替。公共交通工具是与人们生活密不可分的一部分，通过寻找不同的文献和老照片，组员们都了解到澳门各种陆路交通工具的历史变化。当然，这些交通工具都随着技术的发展而不断地趋向现代化。但是，它们在不同时期的外形、功能、宣传单等的变化都成为我们澳门居民的一种文化记忆。由此可以得出，各种老照片、图书等历史文献的保留对于人们保存城市记忆有至关重要的作用。

（2）“大赛车记忆”。

大赛车的历史，从3个年轻人开始。他们所想的并非是一项运动赛事，而是给澳门的马路和跑道赋予一种新的意义，经过漫长历史追寻的洗涤，大赛车非但没有失去原本的味道，反而多了一股时尚又刺激的竞赛意味。格兰披治大赛车作为澳门本地一项世界著名的赛事，其历史十分漫长，亦发生过很多趣事怪闻。如今，赛车、跑道和设施都焕然一新，唯一不变的就是赛车所带来的刺激感和澳门居民的集体回忆。虽然眼前的赛车景物已不复旧时，但几十年前已到澳门落地生根的居民对大赛车的印象，始终停留在从前，当时大赛车是他们的重要娱乐之一。时至今日，虽然车已不是老爷车，围栏亦不再是沙包堆砌，但赛车仍然是澳门的标志性节目之一，足见其历久不衰，亦令澳门这个小小的地方在世界的一角发光发热。

（3）“儿时记忆”。

童年的记忆总是能让大家感到无尽的快乐，一旦我们回想起儿时的年代，一定会记得童年的玩伴、玩具、零食、游乐场……我们都是出生在20世纪90年代的青年人，我们的生活纯粹而简单。虽然我们没有很长的历史记忆，但我们需要把“儿时记忆”建立、保存起来，为我们的未来，也为我们的下一代，让他们能够了解、回忆、享受。虽然现在新一代人喜欢玩电子产品，但我们可以向他们分享我们简单而快乐的儿时玩具，这在我们看来很有意义，亦令我们难忘。参加“澳门记忆”这个项目，使我们学会珍惜我们的历史、档案、照片，这一切都是我们的记忆。

（4）“老店铺记忆——怀旧冰室”。

澳门有很多原汁原味、保存完好的老店铺一直经营至今，怀旧冰室就是其中之一。这些怀旧冰室承载着不少人的童年回忆。在澳门致力向世界宣传世遗城区这个硬件设施的重要性时，这些自身仍在演绎着澳门怀旧文化风貌的软设备是否也应该引起同等的重视呢？

（5）“街道记忆”。

我们以“澳门街道的记忆”为主题，选择2条澳门街道为调查对象，包括高士德大马路以及十月初五街，我们之所以选择这两条街道作为“澳门记忆”项目的内容，是因为它们对于澳门居民很有意义。我们主要从互联网（如维基、谷歌），以及各个图书馆的藏书中搜索资料并发现了许多素材。完成这个项目后，我们知道了澳门街道名字的意思以及来源。这些都在提醒我们，澳门已经失去了许多的回忆，如果我们再不加以保护或尽快将其记录和保存起来，我们的后代可能无法研究澳门的历史了。

（6）“渔业记忆”。

澳门在几百年前是一个小村庄，捕鱼是主要行业。然而，随着澳门的城市发展、博彩业的扩张，捕鱼业已经几近式微。我们发现这是重要的澳门历史，于是在图书馆及网络上搜索有关史料，尝试寻找这部分的记忆。以往曾有许多相关的商店、某种职业、特殊的房子、衣着等与渔业相关。例如船艇修理、销售捕鱼工具的商店、销售鲜鱼制品类产品的商店、音乐和表演等，不同时代的人物特性也有所不同。通过参与该项目，我们了解到记忆是如此重要，在我们的社会，保护档案、书籍必须引起大众的关注。①

“不积跬步，无以至千里；不积小流，无以成江海。”短短一个学期的课程，学生的体会令我鼓舞，备受感动。“澳门文献学”学科的设立，其意义已不必多说，而具体展开“澳门文献学”学科的教育，有赖于学者不断丰富学科体系，培养符合时代发展需要的文献信息专业人员及研究队伍，以强化理论体系与实践工作。教育及培养青年人乃至大众参与“世界记忆工程”是UNESCO的重点发展目标，为此他们还特别设立了“世界记忆工程”国际咨询委员会教育与研究工作组，针对有关课程及教育开展培训工作。与此同时，挖掘和整理澳门本土文化也是澳门社会所关注和推动的工作，因为这有助于社会凝聚力的产生。

---

① 辑录内容来自笔者授课安排学生进行的“澳门记忆”项目的各组报告，版权属于澳门理工学院2011—2012学年公共行政学“文献学”课程的学生。

结　语

文献信息本来就是一种社会现象，因而它的发展与社会息息相关，其服务水准和能力往往影响着社会的发展及其竞争力。因此，现代文献信息服务的发展以提高效能、满足社会各领域需要为重任，其长远目标应该涉及多个方面：

第一，传承文化已成为大众关注的议题，对历史文献进行数字化的工作不容忽视，要抓紧抓好，其成果子孙后代可长久享用。

第二，为澳门发展成为知识经济城市服务，借鉴国际先进地区经验，开创新的服务模式，凸显它在社会进程中的作用。

第三，大力发展信息科技的各种基础设施建设，使服务的整体水准达到国际先进水平，与国际先进地区的图书馆接轨。

第四，通过政府行政措施设立协调机制，建立全澳门各文献机构互联互通的文献信息共用平台，建成覆盖全城、服务澳门从市民到政府的网络体系，并构建澳门文献信息资源网络总库，为全社会提供功能完善、方便快捷的图书馆服务。

第五，将澳门文献信息服务发展成为支持政府决策、支撑研究人员及各界人士获取专门信息，以及保障市民和游客文化休闲的信息中心。

第六，通过构建本地文献机构网络，拓展服务功能及覆盖面，形成面向社会、服务群众的社区化、多层次、信息丰富、快捷高效的服务体系。

在21世纪的今天，澳门已进入国际化的竞争环境，信息成为经济发展、文化建设、政府管治、政策研究等的主要资源。而从实践意义的角度来看，文献信息服务的价值既在于满足社会对信息和知识的需求，也在于超前地为社会各领域提供有助其发展的信息资源。而更为重要的是要立足澳门、面向世界，使文献信息服务成为东西方文献信息资源建设与应用的桥梁，同时加强与外地共用资源的交流联系。

由此可以肯定，澳门文献信息服务未来仍有很大的研究空间在等待着我们开发和探索。